2ª edição
10.000 exemplares
Do 10º ao 20º milheiro
Agosto de 2024

Coordenação editorial
Ronaldo A. Sperdutti

Revisão
Maria Clara Telles

Capa e projeto gráfico
Juliana Mollinari

Diagramação
Juliana Mollinari

Assistente editorial
Ana Maria Rael Gambarini

Impressão
Gráfica Paulus

Proibida a reprodução total ou parcial desta obra sem prévia autorização da editora.

© 2022-2024 by Boa Nova Editora.

Av. Porto Ferreira, 1031
Parque Iracema
CEP 15809-020
Catanduva-SP
17 3531.4444

www.**boanova**.net
boanova@boanova.net

LOURIVAL LOPES

Sementes de felicidade

Dados Internacionais de Catalogação na Publicação (CIP)
(Câmara Brasileira do Livro, SP, Brasil)

Lopes, Lourival
    Sementes de felicidade / Lourival Lopes. -- 1. ed.
-- Catanduva, SP : Editora Otimismo, 2022.

    ISBN 978-85-86524-97-4

    1. Esperança - Meditações 2. Espiritualidade
3. Mensagens 4. Otimismo 5. Reflexões I. Título.

22-128594   CDD-133

Índices para catálogo sistemático:

1. Mensagens : Ensinamentos : Espiritualidade   133

Eliete Marques da Silva - Bibliotecária - CRB-8/9380

Aos meus filhos

Leitor amigo,
Leitora amiga:

Entrego-lhe pequeno livro de mensagens. Leia-o com atenção e reflita sobre o conteúdo de cada uma delas.

Carregue o livro consigo ou coloque-o em lugar acessível, no lar ou no local de trabalho.

As mensagens abrangem assuntos úteis à sua vida. Servem de roteiro ao pensamento e orientam quanto à forma de proceder.

Para melhor reter o conteúdo, leia uma mensagem agora e outra depois. Reflita ao máximo. Agindo desta maneira, você vai construindo aos poucos a alegria e o equilíbrio, indispensável à verdadeira compreensão da vida. Devagarinho, quando menos esperar, terá alcançado a melhoria de que precisa e sentirá a felicidade bater à sua porta.

A felicidade é realizável, basta que, desde já, você inicie a marcha para ela. O primeiro passo é a conquista da paz íntima.

Fiz o livro movido da melhor intenção. Senti dentro de mim, a vibração de Deus. E foi a divina inspiração que, no fundo, fez o livro. Assim é que cada palavra, cada frase, está impregnada de um forte desejo de ver o seu progresso, em todos os aspectos.

As mensagens são, pois, como sementes de amor, ao seu dispor.

Por isso desejo, de todo coração, que você alcance, através desta leitura, mais paz e alegria na vida.

Sou agradecido...

Aos que me ajudaram na realização desta obra e a você que a lê.

O autor.

∾ UM LEMBRETE ∾

Se for abrir o livro ao acaso,
Formule antes um bom
pensamento.

1

A felicidade nasce na luta.

Ânsia natural do ser, a felicidade surge do seu esforço e sacrifício, do equilíbrio do sentimento e do vigor da inteligência.

Não pense que a felicidade é uma quimera, uma névoa, uma ilusão. Ela existe, mas não pode ser alcançada de uma vez, como num passe de mágica. É preciso ir galgando degraus e melhorando-se aos poucos, pelo trabalho e pelo amor.

A felicidade total é o encontro com Deus.

2

Procure a alegria.

A alegria está latente, palpitante e dinâmica no seu íntimo.

Quando você a localiza, ela vem à tona e transparece na sua face, na fala, no olhar, no riso. Você apresenta o que tem de melhor, pois foi buscá-la no mais fundo de si mesmo. Lá onde está o seu EU.

Corra ao alcance dessa alegria íntima. Ela será sua companheira de sempre.

Descobrir a verdadeira alegria é fortificar a paz.

3

Veja a beleza.

A vida não é feita apenas de defeitos, falhas e tristezas.

Há beleza até nas pequenas coisas.

Esforce-se por enxergar a beleza que a vida tem. Toda beleza que você admira é um ponto de paz que nasce em você. Esse ponto de paz encobre o seu estado de aborrecimento e desperta a alegria.

Saiba viver.

Em tudo, admire a beleza. Sua vida tem a beleza que nela você vê.

4

Abra-se à mudança de vida.

Renove-se como as manhãs, como as árvores, como a primavera.

Uma força poderosa dentro de você anseia por expansão. É preciso participar da marcha da vida. Transformar-se para melhor, trabalhar, servir.

Caminhe.

Parado, o mundo o deixa para trás. Confie no seu potencial de transformação, de ação, de aperfeiçoamento.

Avance.

As leis que regulam a renovação universal estão também dentro de você.

5

Faça um exame de consciência.

Há quanto tempo você não faz uma boa prece?

Parece-lhe que um torpor, uma barreira impede orar com intensidade. Mas é necessário romper esse entrave, esforçar-se, buscar, bater. Encarar a oração como a fonte da libertação, da alegria e da paz.

Ore.

É através da oração que Deus fala a você.

Despertar para o valor da oração é descobrir uma nova vida com Deus.

6

Olhe-se com saúde.

Amigo, você veio a ficar doente. O seu corpo não lhe obedece mais e a dor o visita. Não pense, porém, em decadência.

Levante o seu entendimento. Você é um ser divino e eterno. Confie no poder de Deus.

Vença a prostração e o desânimo com atitudes mentais positivas. Compreenda, o corpo é apenas seu instrumento.

Você é muito mais!

Julgar-se saudável, mesmo na hora da doença, é demonstrar completa confiança em Deus.

7

Não se prenda à matéria.

A procura do prazer, pela via material, entorpece as suas nobres qualidades e gera distanciamento de Deus.

Observe como você se diverte. "Onde está o seu tesouro, aí estará o seu coração", ensinou Jesus.

Prender o coração à riqueza, ao jogo, ao sexo, à diversão exagerada é se encaminhar para uma dor que virá sem tardança.

Cuidado.

Ter o prazer como objetivo é entregar a alma à sanha de verme destruidor.

8

Receba a luz divina.

A luz divina jorra para dentro de você.

Espraia por todo o seu corpo e a sua alma. Enriquece os seus dias, abre o seu futuro e modifica o curso dos acontecimentos. Impregna você de uma tranquilidade inalterável.

Procure intensamente essa luz reconfortante.

A luz divina brilha no seu coração, dá-lhe alento e mostra as saídas corretas para os seus problemas.

A luz que ilumina você jamais se extinguirá.

9

Não seja ambicioso.

A ambição, quando penetra, não quer sair mais. Agarra-se, apega-se, finge, mente, maltrata.

Ela está sempre insatisfeita e machuca você.

Procure melhorar de vida, mas contente-se com o que lhe vem. Deus sabe do que você necessita.

A força da ambição vem de você. Não tenha apego a bens materiais.

Desgarrar-se da ambição é não precisar de muletas para firmar-se como pessoa.

10

Há uma luz em você.

O mundo do EU é o da essência, do amor, da alegria, da paz, da verdade, da luz.

É de sua natureza fecundar, vivificar, alegrar o mundo da expressão, que você estampa no rosto.

A luz que brota do seu campo interior é que ilumina o seu caminho no plano da matéria, dos problemas, dos sonhos.

Caminhe firme. Siga na direção da vitória. Você tem tudo para ser bem-sucedido.

Sentir-se portador de luz interior é caminhar seguro.

11

Deus está em você.

Presença constante, é como um sol amigo que fecunda o seu campo íntimo e ali faz brilhar a luz da alvorada, da alegria e da verdade.

Vasculhe o maravilhoso mundo do seu íntimo. Interiorize o seu pensamento para encontrar essa onda de paz e harmonia. Terá surpresas agradáveis.

Deus é uma verdade que precisa ser vivida, sentida e amada.

Descobrir a atuação de Deus será para você o encontro de um novo mundo onde viver.

12

Não esqueça o essencial.

Você não precisa se desligar da Terra para alcançar a melhoria espiritual.

Não há por que separar uma coisa da outra. O espiritual é essência. O material, o local de manifestação.

Quanto mais você substancializa a vida com pensamentos de amor, justiça e paz, melhor desempenha seu trabalho e obtém alegria. Siga em paz.

Vivificar a existência material com os princípios espirituais é atingir os objetivos da vida.

13

Tenha uma concepção espiritual da vida.

Não fique agarrado à matéria, ao ter, ao possuir, como a erva parasitária.

Use sua inteligência e não se prenda ao chão, ao interesse, ao lucro. Resista descer ao charco material.

Valorize-se, recupere-se, reerga-se e compreenda o significado da vida.

Olhe para cima.

Erguer os olhos para os céus é captar as transmissões de Deus.

14

Tudo tem sentido.

O seu sofrimento, a sua alegria, o seu aprendizado, a sua luta, a sua esperança têm uma razão de ser. O aperfeiçoamento se efetua mediante sábias leis.

Se você sofre, creia na libertação que virá. Se apenas está triste, liberte-se. Se está alegre, rejubile-se.

Deus, justo e amoroso, espera que você se afine com as Suas leis.

Acreditar na justiça e no amor de Deus é viver em tranquilidade e alegria.

15

A verdade liberta.

A verdadeira liberdade guarda correlação com Deus e relaciona-se com a responsabilidade. Responsabilidade cumprida é liberdade adquirida.

Não deseje a liberdade do violentar, do mentir, do omitir, do não cumprir. Pelas leis divinas você não tem direito à liberdade que fere, engana, desassiste, descumpre, causa aflição.

Use da boa liberdade.

Uma liberdade real e dinâmica é fruto da sua integração ao movimento de Deus.

16

Atente para o que diz.

A sua palavra edifica, eleva e agrada. Mas também destrói, rebaixa e machuca.

O que sai de sua boca é força criadora. A palavra proferida passa a produzir efeitos. Não há como fazê-la retornar.

Por isso, cuide-se no falar. Evite excessos. Regre-se pela verdade e sensatez.

Regule o tom de voz.

Não fale alto, nem seja rude. Transmita paz, certeza, carinho, alegria.

Tudo o que você fala é ouvido por Deus.

17

A sua manhã é importante.

Não comece o dia com ideias negativas. Nem se exalte ou discuta.

Valorize-se.

Aproveite a manhã para trabalhar com dedicação e prazer.

Preserve-a.

Antes do trabalho, uma boa oração. Agradeça a Deus, ampla e generosamente. Uma manhã bem vivida é começo de um dia feliz e proveitoso.

Deus abençoou a alvorada para que pudéssemos ser felizes desde cedo.

18

Ajuste-se a Deus.

As doenças nascem do desajuste com Deus. Pensamentos nocivos e enfermiços, como os de ódio e revolta, violentam a textura sutil da mente e promovem o desajuste da alma e do corpo.

A volta para Deus, a busca da compreensão, da fraternidade e do amor revigoram o organismo desajustado e doente e faz desaparecer os efeitos maléficos ali presentes.

Retifique o seu pensamento e volte-se para Deus.

O ajuste a Deus traz a saúde, a felicidade.

19

Avance com bondade.

Cada avanço dentro de você corresponde a um passo a mais na direção da felicidade.

Toda vez que você desvenda um segredo divino, guardado dentro do seu ser, brota-lhe um maior prazer pela vida.

Por esta razão, é indispensável a busca, a luta, a reflexão para conhecer a si mesmo. Da compreensão de si mesmo nasce a alegria, que gera a paz.

Siga confiante.

A chave do amor abre as portas da felicidade.

20

Renda culto à vida.

Tudo trabalha em você. Seu coração, seu sangue, suas veias, seu cérebro, seu fígado. É a vida que nasce de Deus e vem para expandir, completar o que é imperfeito, servir e amar.

Não fique fora do movimento da vida. Produza algo de bom. Realize com prazer as pequenas coisas. Aproveite o tempo. Não fique inerte, estagnado, incompleto e infeliz.

Aprenda mais, viva com mais intensidade.

A vida é o agir para o encontro da felicidade.

21

Sinta-se amado por Deus.

Infinitamente sábio e amoroso, Deus não permitiria que você vivesse atormentado pelos problemas se não o visse com condições para resolvê-los.

Não considere, pois, os problemas demasiados e a carga exagerada.

Lute com confiança.

Em você, estão colocadas por Deus todas as condições de que precisa para sair vitorioso.

Tenha fé e firmeza.

A sua vida prática exige confiança na sabedoria e no amor divinos.

22

Aspire à felicidade.

A aspiração pela felicidade nasce no centro do ser. Imperioso elevar o nível de nossa satisfação interior.

No entanto, esta sede não se satisfaz pela matéria. Não procure saciá-la com a riqueza e a lascívia.

Somente o exercício do amor, como a paciência, o perdão, a ajuda, desperta a alegria pura e sacia a sede da felicidade.

O contínuo trabalho a bem dos outros retira o véu que encobre a sua felicidade.

23

Permaneça firme.

Procure atenuar o sofrimento e o desequilíbrio alheios. Faça todo o possível nesse sentido.

Mas resguarde-se. Procure compreender o outro sem se desequilibrar.

Participar da dor alheia é ato de serenidade e amor. Desequilibrar-se revela fraqueza e abre o coração ao sofrimento.

Veja tudo com amor.

Resista à influência.

Equilibrar o sentimento é saber enfrentar as adversidades da vida.

24

Pratique a caridade.

Você se aprimora, cresce, vibra e encontra a paz através da caridade.

No ajudar, você é o mais ajudado.

Ajudar não é dar asas à ilusão que degrada, mas é reconhecer divindade em cada um. É viver com intensidade, olhar diretamente nos olhos, ser sincero no proceder, alegre no falar e no agir.

Exige respeito.

O amor de Deus precisa de você para ser vivido entre nós.

25

Não se preocupe com coisas triviais.

Você faz da vida um inferno quando se atormenta com pequenas coisas.

Não se inquiete se sobrevieram mudanças na temperatura, o dinheiro ou o amigo chegou atrasado, o trabalho apareceu na hora inoportuna, o ônibus já passou.

Encare-as com normalidade.

Mantenha-se em calma.

Não se alterar com as coisas triviais é se preparar para realizar as importantes.

26

Trate bem a todos.

No hospital, no posto de saúde ou policial, na repartição, chegam os necessitados das suas providências.

Receba-os com simpatia e respeito. Ajude-os.

Não os despreze ou abandone. Nem use para com eles deboche, olhar frio e palavra seca, que lhes causam dor e revolta. Um dia você poderá estar na mesma situação.

Seja acessível.

Mostramos a grandeza de espírito quando os outros precisam de nós.

27

Para obter a energia divina faça assim:

Feche os olhos, se o ambiente permitir. Respire profundamente, quanto puder. Mentalize a energia divina, como um ponto luminoso.

Calmo, detenha-se em contemplação e reconheça-se recebendo a sublime energia. Sinta o desafogar da mente.

Quando abrir os olhos, verá que a celeste energia trouxe-lhe a alegria de viver.

Deus mais se mostra a você quanto menos impureza há na sua mente.

28

Não despreze o valor do sorriso.

O sorriso agrada a quem sorri e a quem é endereçado.

Sorria com sinceridade.

O sorriso franco e espontâneo contagia e cria as condições para o diálogo amigo. Desperta a atenção. Faz brotar amizades sinceras.

Se não puder sorrir, mantenha o semblante calmo. Sorrir falso gera antipatias e perturba os outros. Rebaixa você.

Os olhos também sorriem.

Um sorriso aberto e sincero vale mais do que mil palavras.

29

Sua mente é terra fértil.

Os bons pensamentos rendem os frutos da paz e da alegria. Os maus rebentam espinhos de intranquilidade e de amargura. Agem poderosamente sobre o seu agora e o seu amanhã.

Cultive a mente.

Vibre com o potencial que ela tem. Utilize-o o mais que puder. Plante só o que é bom. Espere a colheita, calmamente.

Caminhe, sirva, trabalhe.

Sua mente é solo bom.

Na lavoura da mente, as sementes do bem produzem a felicidade.

30

Procure a vida plena.

Ela está à sua disposição.

Deus, infinitamente rico, colocou à sua mão as riquezas mais fantásticas. Reservou a você tesouros imperecíveis.

Para alcançá-los, domine tendências inferiores, como inveja, vaidade, orgulho, egoísmo. Exercite a confiança em si mesmo.

Renda graças a Deus. A tudo agradeça.

O esforço vale a pena.

O caminho para Deus é o mesmo da vida plena.

31

Busque aperfeiçoar-se.

Tudo melhora por fora para quem cresce por dentro.

Procure crescer nas suas qualidades. Esforce-se por compreender as dificuldades e deficiências dos outros. Suporte-os com paciência, se necessário.

Não deixe o pessimismo penetrar em você. O seu otimismo e alegria são o seu suporte de paz.

Faça o bem.

A bondade alheia sempre chega trazendo na mão o bem que você fez antes.

32

A vida é bela.

A vida se manifesta, se enriquece e se espraia. Tudo se renova, se adianta, se embeleza, se aprimora. A paz vence a contenda.

O movimento da vida segue em direção à felicidade.

Nesse contexto, você cresce, se torna gente, conquista a felicidade.

É o amor produzindo o bem.

Pelo bem você edifica um mundo maravilhoso, constrói uma casa feliz.

A beleza da sua vida depende de você.

33

A fé comove o interior do espírito. Toca fundo, transforma, edifica, esclarece.

A luz divina e o amor puro, captados pela fé, removem as impurezas da alma e nela injetam claridades e valores novos.

Mesmo com esforço, busque as vibrações espirituais e conscientize-se da santificada energia que está instalada no âmago de você.

Transforme-se pela vibração espiritual.

Você nunca é o mesmo depois de um contato com Deus.

34

Não despreze quem mendiga. Levante-o.

Ouça com atenção e dê sua palavra confortadora. Ele é seu irmão.

A fraqueza de caráter e as circunstâncias adversas levaram-no à vala comum. Certamente ele quer mudar de vida, ser como você.

É preciso soerguê-lo. Reintegrá-lo à existência digna. Não o condene.

Na pessoa de cada mendigo há um pouco da culpa de todos nós.

35

Somos todos iguais.

Nenhuma pessoa, mesmo no maior cargo do mundo, é maior do que você.

A mesma natureza e as mesmas leis físicas, mentais e espirituais regulam a existência de todos. Nenhuma diferença.

Não se sinta diminuído. Deus sabe por que você está nesta ou naquela posição. O que acontece a você também pode acontecer aos outros.

Nenhuma condição é mais importante do que a de Filho de Deus.

36

Intuição divina é vida.

Quanto mais você abre as portas do seu espírito à manifestação do poder de Deus mais se preenche de energia pura e alcança a paz.

A cada dia, a cada hora, você fica melhor.

Não se isole. Você e os outros são partes do mesmo mundo, irmanados no amor recíproco.

Edifique a paz.

Abra as portas do espírito.

Você surge outro no vibrar com Deus.

37

A instrução ajuda você a ser feliz.

Mas nem todas as pessoas instruídas são venturosas.

A paz interior está ligada diretamente ao exercício do amor. Só o amor, pela sua natureza divina, faz vibrar as fibras da alma e produz a sensação de paz e alegria.

Quanto mais você ama, mais fica pronto ao bom estudo e à sabedoria da vida.

Em toda situação, o Senhor da Vida deixou-nos os meios de progredir.

38

Você é importante para Deus.

Deus não desampara a ninguém. Ele colocou no seu peito uma centelha de amor, fazendo de você a "Sua imagem e semelhança". Deu-lhe todas as condições para lutar e vencer problemas. Abençoou você com o prêmio da eternidade e permanece ao seu lado.

Volte sua face para Deus. Mostre-se a Ele e não pense estar abandonado.

Nenhuma presença é maior em nossa vida do que a de Deus.

39

Deus atende as suas súplicas.

Ouve-as todas. Conhece-as até mesmo antes de serem feitas por você.

Observe os acontecimentos à sua volta. Eles testam e aprimoram o seu espírito. São os construtores do seu progresso e representam as respostas de Deus às suas súplicas. Deus também responde a você através de outras pessoas. Preste atenção ao que elas vêm a lhe dizer.

Você está seguro do amor de Deus quando reconhece que Ele atende as suas preces.

40

Deixe a alegria sair.

Não se alegre somente mediante acontecimentos favoráveis. Nem ponha sua alegria na dependência de outras pessoas.

A alegria já está dentro de você, palpitante, viva, completa, querendo sair.

Solte-a.

A sua alegria nasce espontaneamente quando você vibra com Deus e firma os princípios de solidariedade, paz e compreensão.

Viva com alegria.

Ser alegre é sabedoria da alma.

41

Não tire conclusões apressadas.

Às vezes, a ocorrência, a situação, o problema, apresentam-se superficialmente. Dão-lhe a impressão de que devem ser encarados mediante um procedimento que lhe ocorre de imediato.

Mas, examine bem.

Faça o justo juízo. As coisas podem ser diferentes do que lhe parecem à primeira vista. Impeça erro a tempo.

Lamentar não resolve.

Evitar erros é se libertar de deficiências e viver no prazer do equilíbrio.

42

Carregue forte esperança no peito.
Firme.
Sem vacilações.
Tão forte que mude a vida dos que estão ao seu lado. Brilhe nos seus olhos. Saia pela sua boca e transpareça de suas pegadas.

Tão firme que nem mesmo as borrascas do sentimento e da dor possam abalá-la.

Confie plenamente no seu futuro. Deus o tece com amor.

Não abandone a sua esperança.

Uma forte esperança faz refletir, na sua, a face de Deus.

43

Alegre-se com pequenas coisas. Não espere que aconteçam grandes coisas para ficar alegre.

Sua alegria deve despontar a partir de pequenas coisas. O olhar, o sorriso, a mudança agradável de temperatura, a chuva que cai, o vento leve, o cumprimento amigo, o encontro com as pessoas conhecidas, devem ser o suficiente para você se alegrar.

Quanto mais você exercita a alegria nas pequenas coisas mais se capacita a senti-las nas grandes.

44

Amanheça com um novo sorriso.

Deixe o homem velho para trás e faça a jura de começar vida nova.

Você tem condições armazenadas capazes de trazer-lhe completa transformação. Possui inesgotável reserva de energia para fazê-lo nova criatura assim como a borboleta sai do casulo.

Firme a disposição de mudar. Ame, compreenda e sirva.

A cada forte pensamento de mudança Deus lhe concede vida melhor.

45

Curve-se diante da beleza da vida.

Respeite-a. Ame-a.

Cale a voz negativa. Renda a sua homenagem ao Criador de tudo. Ele merece.

Um poder infinito, um amor sem fronteiras, tudo fez. Imagine-se dentro desse contexto maravilhoso.

Vibre com a vida.

Dobre-se diante da grande beleza.

O deslumbrante espetáculo da vida é construído pelo mesmo Deus que habita em você.

46

Apronte-se para ver a Deus. Um dia você terá que retornar à Casa da Origem.

Deus manda-o ao mundo com recomendações na consciência. Previne-o das tentações pelo anjo de sua guarda. Nunca lhe falta a boa inspiração.

Você tem tudo para acertar.

Resista ao mal e à ilusão. Não se apegue à bebida, ao fumo, à droga, ao desejo de lucro desenfreado, à palavra insensata, à preguiça, à desonestidade, a ter mais do que ser.

Na Casa da Origem, Deus espera você de braços abertos.

47

A Vida está em você.

A Vida vibra, agita, percorre, movimenta-se. Marcha para o belo, a felicidade, a divindade. Fecunda tudo, preenche tudo.

Pulsa a sabedoria, a justiça e o amor.

A Divina Expressão arrasta os indolentes ao progresso, corrige os maus e engrandece os bons.

Eleva e depura.

É Deus que se manifesta e ama.

Cantar as magnificências da Vida é se incorporar ao cântico dos anjos.

48

O tempo é seu grande amigo.

É da essência do tempo a marcha para a perfeição. A árvore renova os frutos. A terra torna a produzir. A água se purifica. A saúde volta ao corpo. A flor desabrocha no galho.

A vida marcha imperturbável e vitoriosa.

Acredite que tudo se transforma o seu benefício. Não despreze o valor do tempo, nem se detenha em coisas fúteis.

Espere com confiança. Aperfeiçoe-se, também.

Na renovação de cada dia você cresce na direção de Deus.

49

Mentalize uma saúde abundante e completa penetrando no seu corpo.

Fique em calma.

Tranquilo, vá pensando e recebendo a energia da saúde que invade o seu corpo dos cabelos aos dedos dos pés. Sinta que até a menor célula está sendo vivificada pelas vibrações da saúde.

A sua saúde é sensível e depende de você.

E, quando você pensar na energia da saúde, compreenda que ela é tanto mais forte quanto mais amor você tiver.

50

Todos merecem a sua bondade.

O bem alegra, constrói a paz e eleva a alma para as alturas de Deus.

Para que o bem chegue ao beneficiário precisa haver nascido em Deus. Desta forma, é o próprio Deus que ajuda as pessoas através de você. E a sua boa ação age unindo-o mais ainda a Deus.

Não perca a oportunidade de fazer o bem, nem pense que alguém não o merece.

Você cresce aos olhos de Deus quando faz uma boa obra.

51

Na prática, o amor dá sempre certo.

É como a boa semente. Plantou, vingou, produziu fruto.

A energia do amor está plantada por Deus dentro de você. Tem todas as condições para germinar. Empregada corretamente, nunca falha.

Experimente. Ame. Plante o bem.

A lei de Deus opera infalivelmente.

Agir de acordo com a lei de Deus é encontrar o caminho da libertação e da paz.

52

Amigo, ame ao máximo.

O amor torna o trabalho agradável, faz a amizade sincera, fortalece os laços entre as pessoas. Converte o criminoso em santo, o doente em são e acalma o aflito. Lubrifica a máquina da vida.

Os pensamentos de amor modificam para melhor a estrutura íntima de sua mente. Você progride e se aperfeiçoa. Desprende-se do egoísmo e alcança a paz.

Não se feche. Doe-se.

O verdadeiro amor habita naquele que se doa.

53

A mente é criadora.

Tanto cria a boa como a má situação.

Se você reclama, critica, diz palavrões, afirma que todos estão contra você e que o mundo não presta, formará uma onda mental ruim e se sentirá infeliz. Se aceita, elogia, profere palavras sensatas, vê os outros como amigos, encontrará alegria e paz.

Reconheça que tudo vem para o seu benefício. Impeça o mau pensamento.

Refrear os maus impulsos é dirigir-se para a paz.

54

Dê valor à manhã.

Você se levanta da cama atormentado. O tormento atrapalha o seu dia.

Para você começar bem, ponha pensamentos positivos na sua cabeça, desde a manhã. Preencha-se de esperança.

Diga para você mesmo: "este será um dia feliz. A presença de Deus me anima e me encaminha para frente. Tenho tudo para vencer. Confio no poder de Deus e nas minhas qualidades".

Quanto mais você modifica a manhã tenebrosa mais constrói um dia de luz.

55

A doença nasce de você.

Pensamentos de insegurança, infelicidade, raiva, ambição e inveja ferem a sua mente, penetram na intimidade da alma e se manifestam no corpo.

Viram doenças.

Para manter a saúde permanente, deseje o bem aos outros. Procure ver as boas qualidades que eles têm. Todos os dias exalte a Deus e à Natureza.

Não pense em doenças.

Achar-se integralmente são é dizer a Deus que é feliz.

56

A dor beneficia.

O sofrimento vem grande e os transtornos são difíceis de suportar. Parece-lhe que cada vez vai ficar pior. Por isso, você sofre e chora.

No entanto, pense sinceramente. Será que dessa dor não lhe advirão benefícios futuros?

Acredite no poder e no amor de Deus. Relacione mentalmente o que Deus já fez por você.

Tranquilize-se.

No seu interior há alegria e paz suficientes para anular a sua dor.

57

Você influencia os outros.

Um gesto, uma palavra, uma indicação, podem ocasionar modificações importantes na vida deles.

Reprima o desejo de escapar ou de ser superior. Pequenas atenções são capazes de construir grandes amizades. Por isso, pare, dê atenção, escute.

Quanto mais você ouve e atende, mais se capacita a receber o mesmo deles.

São as pequenas coisas que constroem a maior parte da nossa vida.

58

Tudo repercute em Deus.

Palavras e atitudes de ironia, inveja, ciúme, avareza, desamor, prejudicam os relacionamentos. Rebaixam o seu nível.

Não as utilize.

Seja franco, sincero, leal. Use da verdade e de palavras construtivas.

Em hipótese alguma lance mão dos artifícios e mentiras utilizados pelos maldosos e trapaceiros.

Tenha dignidade.

Resguardar o coração das influências do mal é firmar-se em Deus.

59

Respeite a vontade dos outros.

Quando a sua opinião não prevalece, você se irrita e se sente mal. Não admite ser contrariado.

Amigo, pare com isso.

Respeite a maneira de ser que eles têm. Mostre sua grandeza de espírito.

A verdade pode não estar com você. Compreenda.

Domine-se.

Aceitar a maneira de ser do outro é progresso na forma de pensar.

60

Tudo tem solução.

Você pensa de um jeito não dá certo, pensa de outro, também não. Parece que não há saída.

Esta falta de solução oprime o seu cérebro, age sobre o seu sistema nervoso, transparece nos seus olhos e na sua voz.

Você fica tenso.

Mas, amigo, com o tempo tudo sofre modificações e desvios. Não há problema insolúvel.

Confie na transformação que virá.

O problema desaparece à proporção que aumenta a sua confiança em si mesmo.

61

Não discuta.

Conte até dez antes de começar uma discussão.

Ou até cem, ou mil. Uma discussão pode estragar o seu dia, o seu trabalho, a sua saúde e até mesmo a sua vida.

Argumente com senso e equilíbrio. Sustente os pontos de vista com tranquilidade. Examine se os outros não têm razão e evite impor a sua vontade. A discussão que você começa prejudica você desde o início.

Saber dialogar é começar a viver em paz.

62

Tenha rumo.

Você é chamado, despertado, empurrado, criticado, corrigido, reprimido, imprensado.

A vida exige sua presença, sua correção e atenção. E você cambaleia, desculpa, contorna, retorna, explica, se põe de pé e segue avante.

Para vencer, arrime-se no rumo e na filosofia do amor, que tudo supera.

Lute e seja paciente. A vitória está vindo.

Uma intensa luta alicerça em você a alegria de sentir-se firme e forte.

63

O seu futuro é bom.

Você perdeu o negócio, o emprego, a oportunidade. Parece que marcha para um futuro negro.

No entanto, o que pensa Deus a respeito do que você perdeu?

Ele tem planos para você.

Acredite.

Amanhã a dor se transformará em alívio, a tristeza em alegria, a angústia em paz. Novo dia, nova situação.

Trabalhe e siga confiante.

Ânimo!

Você planta a felicidade do amanhã quando faz o melhor que pode.

64

Você tem capacidade.

Há momentos em que tudo parece conspirar contra você. Desponta até a descrença no seu potencial de ação.

Mas, ante as resistências que surgem, empregue a energia adequada, a compreensão e a paciência. Conscientize-se de que não lhe falta capacidade, inteligência e discernimento.

Creia no poder de sua ação.

As dificuldades cedem lugar ante a sua postura corajosa e correta.

Deus é a sustentação de sua capacidade de ação.

65

Controle os nervos.

Há atraso, atrapalho, impedimento, cerceamento, obstáculos. Nada marcha como você quer.

Você tem impulso de fazer as coisas caminharem à força. Gritar, exigir, reclamar.

Tenha calma.

Refreie os impulsos.

Só a ponderação, o exame, a paciência, resolvem os problemas difíceis. Aguarde.

Tudo ficará bem.

Não se exasperar frente às dificuldades é começar a vencê-las antes que tomem vulto.

66

Não fique contrariado com o proceder alheio.

A outra pessoa não faz o que você quer. Em vista disso, você fica triste e lhe parece que não só ela, mas o mundo inteiro, não gosta de você.

No entanto, será que o seu desejo era realmente melhor do que o daquela pessoa?

Pense. Reflita.

Examine com cuidado e se transforme. Busque dar mais do que receber.

Você é capaz dessa mudança.

A transformação dos outros se mede pela sua.

67

O problema fortalece.

Você não tem problema ou dor se estiver plenamente convencido de que o poder de Deus, que tudo soluciona, está alojado dentro de você.

O problema, em si, não existe. Você é que o sente de uma maneira ou de outra. Se pensar fraco, ele será forte.

Eleve a compreensão. Anule a fraqueza do pensamento. Revista-se de energia.

Problemas são benefícios.

Convencer-se de que os problemas fortalecem é exercitar uma vida melhor.

68

Amigo.
Não lastime.
Resista ao desânimo.
Levante a cabeça.
Olhe adiante.
O sol não para.
As estrelas brilham.
Creia na luz do céu.
Prossiga lutando.
Proteja o coração.
Use o otimismo.
Anseie a paz.
Aguarde confiante.
Seja paciente.
A felicidade lhe pertence.
Você é FILHO DE DEUS.

69

Preencha-se da compreensão.

Você sente que não é compreendido e aceito. Isso lhe dá aquele peso no coração.

Mas revista-se de forças novas.

Em vez de procurar ser entendido, entenda você que os outros talvez estejam presos a circunstâncias, padrões e preconceitos que os impedem de entender até a si próprios.

Tome outro sentido. Refaça-se.

Compreender os outros é, no fundo, compreender a si mesmo.

70

Desperte.

Você tem a impressão de que viver é só comer, dormir, divertir-se e esperar a morte. Essa, a impressão comum, surgida do gozo da vida material, acaba em tristeza e dor.

Viver é mais do que isso. Muito mais.

Viver é sentir alegria plena. É atravessar suas fronteiras, firmar novos padrões, aumentar a compreensão e a paz. Ver mais além.

A presença de Deus aproxima você do real entendimento da vida.

71

Evite o mau pensamento.

Amigo, você gostaria de se ver livre e transitar pela vida tranquilamente. Fazer as coisas sem mal-estar ou incômodo.

A sua insatisfação, no entanto, resulta da sua própria colocação entre o bem e o mal.

O mau pensamento prejudica e fere o divino mecanismo da mente, causando o mal-estar. O bom pensamento traz estabilidade e prazer.

Conduzir o pensamento na direção do Mais Alto é uma vitória sobre si mesmo.

72

Disponha-se a melhorar.

Não pense que o seu sofrimento não terá fim. Que veio a este mundo apenas para sofrer.

Tudo passa.

Você vai melhorar.

Depois da tormenta dos problemas, vem o bem-estar, a alegria. Você ficará satisfeito ao verificar que, mesmo antes das mudanças, demonstrou confiança.

A desconfiança impede a vinda de melhoria. Não a deixe penetrar em você.

Tal como a luz, a sua melhoria precisa de portas abertas.

73

Sorria.

Não fique trancado, frio, distante, perante os outros. Pior ainda é permanecer duro e impassível ante o sorriso recebido.

Sorrir é norma de sadia educação e cria as condições para o diálogo amigo.

O sorriso beneficia a sua paz interior. Faz entrar em você a energia da alegria, que gera a paz.

Destranque-se. Desperte o sorriso sincero.

O sorriso marca as pessoas que se querem bem.

74

Não sofra a decepção.

Você gostaria que os outros entendessem que precisa de compreensão, de ajuda, de amor.

Mas decepciona-se porque eles estão presos às circunstâncias e não podem lhe dar o auxílio desejado.

Procure entendê-los. Não se ponha na condição de pedinte.

Busque mais compreender do que ser compreendido.

Há uma força positiva em você que altera circunstâncias.

Quem crê nas próprias forças não fica na dependência do conforto alheio.

75

Não critique.

A crítica rebaixa, complica, oprime, reprime, deprime, destrói. O elogio eleva, desperta, alegra, estimula, impulsiona.

Na crítica impera a descrença, a vingança, a traição, o mal. Gera inimigos. No elogio recende a confiança, o desejo de ajuda, a sinceridade, o bem. Faz amigos.

Criticar vira costume. Fique atento.

Se for obrigado a censurar, procure beneficiar.

Elogiar com sinceridade é uma preciosa forma de amar.

76

A vida muito lhe dá.

Você acha que tudo poderia ser diferente e que Deus deveria olhar mais para você.

Mas, pense melhor. Você já averiguou o quanto tem recebido da vida?

Já observou quantos estão em situação de maior prova?

Não condene e não reclame.

Procure adaptar-se ao ritmo da vida. A revolta transparece na face e lhe faz mal.

Compreenda.

Aceitar o ritmo da vida é começar a conquista da felicidade.

77

Todos somos iguais.

Você pensa que os outros não têm o seu defeito, as suas limitações, as suas dificuldades.

Isso o oprime.

Raciocine, porém, claramente. Você tem ideia do que o futuro a eles reserva?

Compreenda. Deus, justo, não faria um melhor que outro.

Não inveje.

Espere com paciência. Boas mudanças sobrevêm a você.

Tomar consciência da justiça divina é se preparar para as boas-novas do amanhã.

78

Busque a felicidade.

Não viva meio feliz, meio infeliz, pasmado, indeciso, procurando apenas o desejo material, o prazer, a segurança do dinheiro.

Essas coisas atrapalham e não levam você à alegria pura.

Descubra a força divina que está gravada dentro de você. A voz de Deus o chama. A sua ânsia de busca e de encontro precisa ser satisfeita.

Caminhe por novas veredas.

O esforço contínuo e sincero retifica o espírito e o coloca na senda da felicidade.

79

Resguarde a pureza de espírito.

As tentações são muitas. O ambiente é viciado, o pessimismo reina soberano. Por toda parte, o materialismo e o egoísmo apresentam-se triunfantes.

No entanto, resista.

Preserve a pureza de sua alma. Não cometa desatinos. Não fale o mal, nem aja para prejudicar seja a quem for. Procure em tudo o objetivo útil.

Aguarde com paciência. O mal é vencido.

A vitória sempre é de Deus.

80

As imperfeições do caráter endurecem o coração.

Até os pensamentos de desânimo, de falta de perspectivas de vida, de egoísmo, querem se tornar realidade.

Operam, de logo, transformações no autor, que fica endurecido, indiferente ou maldoso.

Evite ser assim.

Você tem luz e alegria dentro de si. Creia no seu forte potencial de amor.

Viver com confiança e otimismo é abrir as portas à paz e à felicidade.

81

Levante a cabeça.

As dificuldades parecem esmagar você. Dão-lhe a impressão de que não vale a pena lutar, porque será vencido. Daí a aflição, o abatimento, a tristeza.

Mas, perceba sua real situação. Os problemas somente são grandes porque você ficou pequeno, acabrunhado, reduzido.

Reaja.

Lute. Trabalhe. Enfrente.

A cada levantamento de suas forças, Deus lhe mostrará uma situação melhorada.

82

Mantenha-se firme.

A vida aperta você por todos os lados. Você pensa que está a exigir-lhe demais. Sente-a insustentável.

No entanto, a vida é marcha contínua para o melhor. Ela reserva maravilhas para você.

Para alcançar o pleno êxito é preciso retemperar-se na luta, vencer a si mesmo.

Coloque-se nas mãos do Senhor da Vida e aguarde resoluto.

Incorporar-se, com resignação e prazer, à marcha da vida é mostrar amor a Deus.

83

A prova educa.

A prova constrange o espírito, mexe e remexe com as suas forças mais profundas.

Educando e aprimorando, a prova faz de você um vencedor. Remove os entulhos do pensamento, melhora a ação e cria os sinais de luz dentro de você.

Não a despreze.

A prova sem revolta é instrumento de progresso e porta de libertação, modifica o espírito raivoso e inquieto e faz nascer o homem novo.

A prova retempera o espírito e consolida a paz.

84

Não odeie.

Quem odeia não aceita explicações, não analisa, não pondera, não pensa. Quer a destruição, o mal, a desgraça.

Deixa-se levar, sem freios, sem modos, sem direção. O rosto se transfigura, o olhar fere, a palavra maltrata.

O ódio não merece estar com você. É para o amor que você deve se inclinar.

Por favor, ame.

Um sentimento de amor, por menor que seja, derruba uma montanha de ódio.

85

A verdade pode não estar com você.

Alguém pensa diferente de você. Essa diferença lhe aperta o coração. Você não sabe o que fazer. Vem o desespero.

No entanto, reflita um pouco. Será que a outra pessoa não está certa?

Respeite essa maneira diferente. Inicie a mudança por você, antes de exigir a modificação alheia. Aproxime-se.

Compreenda.

A verdade pede compreensão para se afirmar.

86

Descomplique a vida.

Veja como a Natureza trabalha. O seu corpo, por exemplo. O cérebro, o coração, o fígado, o estômago, o sangue, o sistema nervoso trabalham em harmonia. Apesar da complexidade, tudo opera com função definida e sem exigências desnecessárias.

A vida também é assim. Em tudo, simplicidade, sinceridade, verdade.

Seja simples.

Viver de forma descomplicada é simplificar o acesso a Deus.

87

O seu problema não tem existência própria.

Você é que dá vida e alimento ao problema. Converte-o em grande ou pequeno, fazendo-o até desaparecer ao encará-lo de frente.

Como se vê, o problema é você mesmo. Ele, em si, é apenas uma miragem.

Suspenda o espírito de dependência ao problema. Seja forte e valoroso. Enfrente-o com vigor.

O problema vencido com coragem e determinação deixa em você um traço de paz.

88

Faça tudo com convicção e firmeza.

A falta de firmeza e de convicção deteriora a sua maneira de ser. Torna pusilânime a sua ação. Deturpa um futuro de paz e de realizações. Obscurece as opções e torna-o sensível a pensamentos nocivos.

Ponha firmeza e confiança no que faz. Aja com determinação e vigor. Sinta-se preenchido por uma força extraordinária.

Tenha o ideal de Deus.

A firmeza no bem edifica a paz.

89

Seja decidido.

Uma ação real, forte, e decidida transforma as situações. Vence problemas, modifica, faz caminhar para frente.

Amor e ação conjugados operam na intimidade das complicações, mexem com elas e abrem novos caminhos e opções. É você surgindo vencedor, forte, decidido.

Entre na boa ação, vá para adiante, não se recolha, indiferente e infeliz.

Prossiga confiando.

Só é realmente bem-sucedido quem tudo faz com boa intenção.

90

Você tem qualidades.

As opiniões dos outros machucam você. Principalmente a opinião daqueles que você mais gosta.

Reaja, porém, à tristeza e à angústia.

Não é a sua aparência que vale. É o seu íntimo. Aquilo que só você e Deus veem.

Você é uma pessoa cheia de qualidades. Traz dentro de si a força poderosa que vem de Deus.

Reconheça o seu valor.

Reconhecer-se com qualidades é montar um esquema de segurança para o campo íntimo.

91

Livre-se das amarras.

Você bem que gostaria de pensar com mais liberdade, aprimorar o seu viver e entender melhor os acontecimentos.

Uma concepção materialista do mundo, porém, embaralha as suas ideias. O materialismo entorpece e subjuga a sua mente.

Busque o lado espiritual e tudo se modifica. Abrem-se novos horizontes e dilata-se o entendimento.

Nasce a felicidade.

Viver o clima de espiritualidade é respirar fundo a liberdade.

92

Não se iluda.

A ilusão se mascara, se esconde, dissimula, falseia, corrompe, deturpa. Enaltece o jogo, a mentira, a deslealdade e afasta você de Deus.

Não se deixe envolver por ela. Gera o sofrimento, porque esconde a verdade. Leva você a uma visão irreal da vida e dos acontecimentos. Não caia nas suas malhas.

Reflita.

É perda de tempo.

Perder tempo nas futilidades da ilusão é ir perdendo a própria vida.

93

Não se impaciente.

Você não vislumbra solução rápida para o problema. São muito fortes os empecilhos, os atrapalhos. Nada caminha como você deseja.

Mas, apesar das dificuldades, lembre-se de que o tempo tudo soluciona.

Tenha otimismo. Creia que Deus tem um plano de paz e felicidade para você. Não se fixe nas barreiras à sua frente.

Aguarde.

Esperar com confiança em Deus é garantia de constante êxito.

94

Evite discutir.

Um seu olhar, uma palavra de crítica ou de ódio, pode pôr tudo a perder. Atear o fogo da discórdia e começar a discussão cujo final ninguém pode prever.

É como o palito de fósforo que incendeia a floresta.

Na discussão violenta não há vencedor. Você sempre sai chamuscado, sofrido, machucado.

Reflita e resista.

Evitar o começo de uma discussão ou rixa é sabedoria de quem conhece o que são más consequências.

95

Não tenha medo do amanhã.

Deixar-se levar pelo pensamento de que alguma coisa de ruim vai acontecer produz-lhe sensação desagradável e desperta outros pensamentos nocivos. Torna-o fraco, inseguro, desiludido.

Você está seguro. Caminhe com a cabeça levantada e ânimo forte. Não fraqueje. A presença de Deus em você garante a continuidade da sua segurança.

Sabendo que o amanhã está garantido você dorme tranquilo e acorda em paz.

96

Pense com clareza.

Há quem proceda de forma muito diferente da que você gostaria que fosse. Isso tira a sua calma e dá-lhe a impressão de que ninguém gosta de você.

Mas raciocine claramente.

Não será um desejo de receber, de satisfazer-se, de preencher a si próprio, o motivo desse estado de espírito?

Transforme-se.

Busque mais dar do que receber. Você é capaz dessa mudança.

Só podemos transformar o mundo à nossa volta mudando-nos ante a nós mesmos.

97

Tudo pode acontecer.

Você deve se preparar para resolver todo e qualquer problema que apareça.

Não pense que pode cair numa situação sem saída. Mantenha a cabeça fria.

Nas horas de dificuldade, reflita. No seu cérebro aparecerão as soluções encaminhadas pela Providência Divina.

Calma.

Há sempre uma saída.

Tudo corre normalmente para os que sabem que nada vem para prejudicá-los.

98

Viva sem mágoas.

A mágoa, o ressentimento, tornam a imagem do adversário sempre presente, acompanhando-o por onde for.

O perdão liberta, desprende o adversário da sua mente. Transforma-o em uma entre as demais pessoas que você gosta e, com isso, desaparece a desigualdade e o estado de desconforto.

Para perdoar, considere o adversário igual a você. Tem qualidades. Exalte-as.

O perdão sincero é uma acertada receita de paz.

99

O ódio oprime-lhe o peito. Você sabe que não deve agasalhar esse sentimento nocivo, mas sente-se enfraquecido.

Reaja, porém.

As vibrações destruidoras do ódio prejudicam mais você do que aos outros porque nascem dentro de você.

Compreenda.

Aceite o fato de que os outros são como você, com virtudes e defeitos. Não olhe os defeitos.

Busque suas forças.

Rebater o ódio com firmeza é evitar um mal maior.

100

Siga em frente.

Avance mesmo que haja tropeços na solução dos problemas, mesmo que tudo pareça noite escura e solidão.

Não vacile. Vá em frente.

Passe por cima das pedras do caminho.

Lute com todas as forças.

Confie fortemente em si mesmo e na Providência Divina. As dificuldades aperfeiçoam-lhe a alma.

Não tema.

Deus, que lhe acompanha os passos, confia na sua vitória.

101

Não crie obstáculos.

Você cria obstáculos quando deixa de ver qualidades nos outros, espera que o mal lhe aconteça, acredita-se um doente, julga que os outros não gostam de você, despreza os valores espirituais e quer saciar-se no prazer material.

Assim, você descontrola sua ação e fabrica os obstáculos que encontrará adiante.

Valorize o que é bom. Modifique a sua maneira de pensar.

Corrigir a mente iludida é eliminar os obstáculos da vida.

102

O pessimismo não resolve. Traz atrapalhos e dificuldades à sua vida.

Não o deixe entrar.

Operar em pessimismo é perder a confiança na força que Deus lhe deu. É rebaixar-se, deixar-se vencer.

Levante a cabeça.

Você tem mais valor do que pensa. Enfrente os problemas confiante na vitória.

Espere a concretização.

Preencher-se de sadia esperança é pôr-se a caminho para Deus.

103

Amigo, mude o jeito de ser.

Faça um balanço de tudo o que fez ou faz e... coragem. Modifique-se.

Enverede-se pela senda espiritual. Valorize a humildade, a bondade, o desprendimento, a alegria e a paz.

Ame a todos. Creia no infinito amor de Deus e renasça para uma existência de esperanças.

Avante.

A alvorada da luta espiritual acorda a grande alegria que dorme em você.

104

Mantenha o seu equilíbrio. Pensamentos de inconformação, medo, revolta, orgulho, ciúme, inveja, ambição, impaciência e ódio desestabilizam sua mente. Causam mal-estar.

Prejudicam o seu presente e o seu futuro. Tome estrada inversa.

No lugar deles, coloque os de aceitação, de humildade, de respeito aos outros, de paciência e amor.

Bons resultados virão.

Ser otimista é dispor-se a eliminar os defeitos do mundo interior.

105

Sua face mostra o que você sente.

Quando você está alegre, seguro, confiante, disposto, amoroso, atrai os outros e faz com que eles tenham prazer na sua companhia. Se estiver triste, inseguro, amargo, rancoroso, eles se afastam.

Seu rosto mostra tudo. Por isso, cuide-se.

Procure ser alegre e amoroso. Mostre sua confiança em Deus e em si mesmo.

É agradável a face de quem está certo de possuir paz e alegria.

106

Sem atrativos, mornos, pachorren-
tos, os seus dias vão se passando.

Você não é feliz, nem infeliz.
Deixa-se levar, apenas.

Não viva assim. Procure viver
abundantemente. Sinta uma alegria mais presente, mais possante.

Leve o seu pensamento mais
para dentro e vá desatando os
seus nós, as suas amarras, libe-
rando a força infinita que está
trancada em você.

Confie. Avante.

Buscar uma alegria mais ampla
é estar a caminho de Deus.

107

Busque a alegria.

Às vezes é difícil. Você se levanta da cama mal-humorado e o dia transcorre no enfado e sem atrativos.

Mesmo assim, esforce-se para conseguir a alegria. Se possível, feche os olhos e mentalize uma luz banhando você. Respire fundo, várias vezes. Lembre-se de um céu azul, bem azul. Agradeça por estar vivendo. E, desta forma, a alegria vai surgindo.

Sentir-se com recursos para despertar a alegria é entesourar a luz de Deus.

108

Se você ficar parado, nada segue adiante.

É preciso tomar decisão, caminhar para frente, agir. Tudo depende de você.

Acredite que você tem poder para modificar o que precisa ser mudado. Que pode fazer o melhor. Que tem saúde física, mental e espiritual.

Ponha os bons projetos em andamento. Não fique inerte. Aja.

Confiar na sua própria capacidade é acreditar no poder de Deus que está dentro de você.

109

Você é mais capaz do que pensa ser.

Seu poder de realização pode revolucionar situações e operar profundas transformações no meio em que você vive.

Mentalize assim a força que há em você: "Oh! força suprema que habita dentro de mim! Tu és o pulsar de Deus dentro de mim. Obrigado pela Tua presença. Reconheço que não tenho mais motivos para ser triste ou malsucedido, porque Tu estás comigo".

Bem pensando e agindo, a força infinita de Deus se plenifica em você.

110

A alegria abre o sentido da vida.

Sem alegria a vida parece um fardo. Nada presta, falta o essencial.

Para viver com alegria, desperte a humildade, a simplicidade e o espírito de reverência e agradecimento a Deus.

Esforce-se nesse sentido.

A alegria verdadeira e profunda não se esvai com as decepções e sofrimentos. Sinta-a.

A alegria atrai a paz.

A entrega do coração a Deus faz surgir a alegria profunda.

111

Amigo, você se frustrou.

Queria que fosse de um jeito e aconteceu de outro. Pensou que isto jamais viria a lhe acontecer.

O ressentimento deixa marcas no seu rosto.

Mas não fique assim.

Frustrações só aparecem quando você tem posições endurecidas e permanece desejando algo que não se concretiza. Desaparecendo o desejo, some a frustração.

Aprenda com o Divino Mestre: "Se quiserem que ande uma milha, ande duas".

112

Relacione os problemas.

Os problemas quando se ajuntam produzem a aflição. São como as águas dos rios que se unem e se avolumam.

Não se inquiete, porém, com muitos problemas a resolver.

Solucione-os usando um método simples. Identifique-os um por um. Relacione-os, de preferência num pedaço de papel. Examine-os bem, isolando uns dos outros. Encontre as soluções para cada qual, com firmeza.

Pronto, alegre-se.

Problemas solucionados, paz e esperança estabelecidas.

113

Mantenha o equilíbrio.

Segure os nervos, as palavras, o olhar e descontraia a face. Isso chega a doer, mas controle-se.

Se perder a calma, sobrevêm o mal-estar e o arrependimento. Você terá o trabalho de repor tudo no lugar, corrigir os danos e pedir desculpas.

O autocontrole lhe dá o prazer de sentir-se forte e competente. Disciplina sua vida. Engrandece-a.

Os problemas desaparecem de sua frente quando você está bem firmado na força interior.

114

Existe uma noite entre dois dias.
Uma noite bem dormida traz modificações de um dia para o outro.

Ao dormir, mentalize as coisas boas que gostaria que lhe acontecessem de futuro. Agradeça o dia que passou.

E durma em paz.

Desperte alegre, sadio, esperançoso. Continue agradecendo.

Reconhecida, a mente se abre e fica pronta a receber benefícios.

Durante o bom sono, Deus opera maravilhas na sua vida.

115

Comece um bom dia.

Logo de manhã, encha o peito de ar, sinta-se invadido pela paz. Diga para si mesmo:

"Nunca me senti tão bem como hoje. Em dia algum encontrei-me mais disposto e sadio do que neste que agora começa. Sou feliz".

Faça assim conscientemente, com decisão. Deixe-se envolver por esta ideia. Ela se tornará realidade no escorrer do dia.

E agradeça a Deus por tudo.

O hoje é o momento mais importante da sua vida.

116

Não se deixe contaminar pelo nervosismo.

O ambiente está tenso. Alguém está raivoso ou o atrapalha de alguma forma. Você sente o impulso para reclamar ou agredir.

Mas, segure-se.

O nervosismo impede o raciocínio sadio e compromete a saúde. Você passa a falar o que não devia e a fazer o que não queria. Gera arrependimento.

Acalme-se. Compreenda. Todos temos defeitos.

Você fica a salvo da violência quando centra o pensamento em Deus.

117

A confiança verdadeira amplia os horizontes da vida.

Modifica as situações. Derruba barreiras. Extingue sofrimentos.

O poder da sua transformação depende do vigor com que você nela crê.

Creia que modificações para melhor estão se processando em você. Que todos os seus problemas estão sendo resolvidos satisfatoriamente.

E assim será.

Para o poder de Deus não existem impedimentos resistentes.

118

Amigo, olhe para frente.

Trabalhe, esforce-se e caminhe. A vida tem uma finalidade, um objetivo, um desaguadouro.

Em tudo o que você diz ou faz há um pouco desse caminhar. Você avança ou recua. A vida pede-lhe definição e rumo. É a marcha para frente.

Deus lhe dá força e luz. Sentido e direção, apoio e arrimo. Burilando-se constantemente, você chega à paz sem limite.

Gostar de caminhar para frente é querer encontrar a Deus.

119

Observe como nasce o seu sofrimento.

Você quer que algo seja de uma maneira e surge de outra. Esta diferença entre o que você deseja e o que vem traz-lhe a dor. Se você disciplinar o seu querer, ou ajustar a sua aspiração aos fatos, desaparece a dor.

Por isso, não se oponha. Analise, verifique, ceda lugar. Não é por ceder lugar que você se diminui.

Aceitar os fatos e situações com tranquilidade é resguardar-se de decepções e angústias.

120

As dificuldades não são inimigas. Auxiliam na caminhada. Fazem despertar as suas forças.

Uma dificuldade maior exige esforço maior e, assim, treina mais e ensina-lhe a viver.

Agradeça a Deus pelos problemas. Você tem inteligência suficiente para a vitória. Basta confiar, agir, amar, ser paciente e humilde.

Estar consciente de que as dificuldades fazem bem é livrar-se de problemas.

121

O seu desejo tarda a se concretizar. Você pede a Deus, repete o pedido, aguarda com ansiedade e não surge a solução.

Talvez você esteja agindo na forma inversa. Examine bem. Em vez de se colocar nas mãos de Deus você age como se Deus estivesse nas suas mãos.

Aguarde o tempo certo, conforme o desejo de Deus. Ele sempre responde.

Tenha paciência. Confie.

O desejo mais bem concretizado é o que traz o carimbo de Deus.

122

Na queda, levante-se.

A cada erro, corrija-se. Na luta, esforce-se.

Você faz o destino. Uma mão vigorosa sustenta seus passos.

Preencha-se de vitalidade, de vontade de progredir e de conquistar a paz.

Creia no seu valor.

Brilha na sua testa a aurora do amor. Integre-se ao sábio ritmo da vida. Use de compreensão.

Esteja alegre.

O seu aprimoramento nasce na certeza da vitória.

123

Olhe com simpatia.

Um olhar frio e antipático desperta a frieza e a antipatia nos outros.

Você se prejudica. Tem que suportar as ondas de desprezo e revolta, projetadas de volta contra você.

A falta de simpatia retira o prazer de viver. Você não merece ser assim.

Manifeste alegria. Cumprimente com afabilidade. Seja sincero e otimista.

Dar de sua alegria aos outros é abrir-se às ondas simpáticas da retribuição.

124

Vença as ciladas do mal.

Você não pode pender para o lado das ilusões, do mal e, ao mesmo tempo, inclinar-se para o da verdade e do bem.

São inconciliáveis.

No porfiar da batalha entre o bem e o mal busque forças no mais profundo de você. A voz da consciência orientá-lo-á no que fazer ou evitar.

Ali está seu guia. Deus fala por ela.

Tome posição definida.

"Ninguém pode servir a dois senhores", ensinou o Mestre Jesus.

125

Desperte a alegria e a saúde.

Durante este dia, sinta a alegria penetrando no seu corpo todo. Veja-se com o máximo de saúde que alguém pode ter.

Tudo em você funciona como uma máquina fenomenal, em perfeitas condições. Nada de atrapalho, doença, infelicidade.

Não há do que se queixar.

Agradeça a Deus por isto. Ande em paz e deixe o amor penetrar em você.

A alegria e a saúde perfeitas realimentam-se no amor desinteressado.

126

Não reclame.

Reclamar vira hábito. Embota as qualidades que você tem. Tolhe a sua grandeza de espírito e impede o aparecimento da sua paz.

Quando você reclama é como se estivesse dizendo para Deus que não aceita a vida ou a lição que Ele lhe dá.

Reajuste, pois, o seu pensamento e evite a reclamação. Ante o que não gosta, silencie e reflita.

Aceite a vida.

A reclamação aprofunda a insatisfação.

127

Não deprecie a ninguém. Depreciar é ver apenas defeitos, viciar o pensamento, deixar-se dominar por aparências.

Ninguém é mau. Compreenda.

Dentro de cada um, Deus colocou a Sua chama, o Seu amor, a Sua luz. Todos são centelha divina e têm qualidades. Respeite-os como gostaria que respeitassem você.

Cale a palavra ferina.

Não caia na tentação do mal.

Falar o mal dos outros é desrespeitar a Deus.

128

Não brigue.

Você está sob intensas provocações para ficar nervoso e estourar. Parece que não dá mais para resistir e que é preciso reagir com violência.

Mas, se você já se segurou até agora, aguente mais um pouco. Assim, evitará o descontrole total, a briga.

Na briga, ninguém sai ganhando. Você fica com os nervos esfrangalhados e a saúde abalada.

O pouco que você resiste a mais pode ser o que o afasta para longe da tragédia.

129

Você é jovem e forte.

Qualquer que seja a sua idade, veja-se jovem e preenchido de vitalidade.

A vitalidade do seu corpo depende do seu tipo de pensar. Tenha coragem e ânimo.

Elimine o pessimismo.

Reconheça-se forte e sadio.

Abra o seu mundo interior para Deus, você é uma centelha Dele. Fique feliz com isso.

A saúde vem de Deus.

Você é cada vez mais forte quanto mais consegue raciocinar positivamente.

130

Elimine a tensão.

Tenso e inquieto, você sente que todo seu sistema nervoso está contraído. Descrê de uma boa saída para a sua situação.

No entanto, freie os pensamentos e feche os olhos, se possível. Sinta como se estivesse recebendo suave luz e energia em todo o seu corpo, a começar pela cabeça. Permaneça assim algum tempo. Abra os olhos e não pense em nada negativo.

A solução aparece.

O equilíbrio nasce da confiança nas forças.

131

Pense positivamente.

Se você pensar que não tem forças para resolver o problema, ou que não adianta lutar, ou que o problema não tem solução, você se enfraquece e dificulta o encontro da solução.

Imagine-se forte o suficiente para resolver qualquer problema por mais difícil que pareça ser. Sentindo que pode resolver qualquer problema, você chama e absorve a força necessária para esse fim.

Tenha ânimo.

O ânimo faz ouvir a voz de Deus que o leva para frente.

132

Vamos, acorde!

Você não é um derrotado, um incapaz. Não se entregue. Levante-se.

Você tem mais força sobre a dor do que ela sobre você.

Compreenda. A dor nasce da sua maneira de pensar.

Eleve o pensamento. Apague o pessimismo. Pense na vitória, na paz, na alegria. E tudo vai melhorar.

Você é capaz. Confie.

Um imenso poder de Deus está alojado em você pronto a se manifestar.

133

Freie a tristeza.

Se deixar, ela se avoluma, se espraia, contamina, destrói, arruína e sufoca você.

É uma forma de desânimo, um cáustico, um desagregador de sua paz.

Olhe para mais alto. Respire fundo. Examine a origem desse estado de alma. Refreie impulsos. Procure transformação para melhor.

Lembre-se da alegria.

Convencer-se de que a sua alegria anula a tristeza traz imediata paz de espírito.

134

Doe-se.

Amigo, você traz a dor de não ser entendido ou amado.

Mas supere isso.

Ser entendido ou amado obedece a lei própria do dar e do receber. Quanto mais você se doa em compreensão e amizade mais as recebe de volta.

Interesse-se pela vida dos outros. Pergunte como estão passando, do que precisam, como vivem e tudo o mais.

Ajude-os ao máximo.

Interessar-se pelos outros é fazer o bem a eles e a nós.

135

Não desanime.

Mesmo no peso da vida, da rotina, da falta de atração, você pode sentir diferente o desenvolver dos seus dias.

Depende de como você pensa.

Se imaginar que o mundo não presta, que tudo se acaba, encontrará dificuldades. Se abrir os olhos e pensar que o mundo é feito por um Deus poderoso e amoroso, fica diferente.

Imagine-se sempre a caminho da paz, da alegria, da felicidade. Faça todo bem que puder.

A sua vida reproduz o seu pensamento.

136

Não descreia da vitória.

Agravou-se a sua situação e aconteceu o que menos você gostaria que acontecesse. E você sente o peso da dor.

Parece-lhe que nada poderá aliviar o seu sofrimento e que não há solução.

Amigo, não é assim.

Para qualquer problema, por maior que pareça, Deus reservou uma solução. É preciso buscá-la. Você não está desamparado.

Não vacile. Não se entregue.

Acima de qualquer problema paira a Providência Divina.

137

Fuja da crítica.

A crítica destrutiva oprime mais quem critica do que o criticado.

Reflita bem.

Procure colocar-se no lugar do outro e nas mesmas condições. Talvez você agisse da mesma forma ou até pior.

Entenda.

Busque elogiar sempre. O elogio modifica para melhor, engrandece, satisfaz. Quando não puder elogiar, faça silêncio.

Envolver-se na crítica destrutiva é atolar no pântano do mal.

138

Mude a direção de sua mente.

O envolvimento material e os seus traumatismos prendem sua mente ao campo do egoísmo.

Trazem-lhe danos.

Vire as antenas de sua mente para o plano interno, onde Deus está presente. Ali existe beleza, luz, harmonia, alegria, amor, paz.

Esforce-se nesse sentido. Você descobrirá o seu EU VERDADEIRO.

O seu EU VERDADEIRO é o recanto da paz legítima e da felicidade sem máculas.

139

Você é valente.

A capacidade de luta que há em você precisa das adversidades para revelar-se.

Não tema, nem vacile.

Olhe para dentro de si. Veja do que é capaz. Da saúde que pode desfrutar, do bem que pode fazer.

Confie na sua força de vontade.

Espere bons resultados, com paciência.

Essa força que você tem é Deus querendo exteriorizar-se para melhorar o mundo.

140

Você não nasceu só para sofrer.

O sofrimento vem do mau pensamento, da desobediência às leis de Deus, ocorrida ontem ou hoje. A dor é uma correção e uma anomalia.

A alegria vem do ajuste a essas leis. Cresce na consciência reta e tranquila.

Deus só quer a sua ascensão, seu bem-estar. Seu amor é maior que tudo.

Movimente-se com alegria.

Sentir-se a caminho da felicidade é preservar a paz do coração.

141

Aproveite o seu tempo.

Cada hora, cada minuto, é importante.

Não fique parado, indolente.

Utilize os seus momentos para a reflexão séria e evite as palavras inúteis e ofensivas. Estude com proveito. Trabalhe com dedicação e alegria.

É no escorrer das horas que você vive e se aperfeiçoa. Use-as para conversar com Deus.

Não despreze o valor do tempo.

O tempo mais bem aproveitado é aquele em que você aprende a amar.

142

Tudo tem significado.

O seu esforço para viver e trabalhar, suas dificuldades, têm um alto significado.

Nada é feito sem finalidade, sem valor. Cada pensamento, cada palavra, cada ato, representa algo para o seu destino final.

E a cada passo com amor você cresce, aperfeiçoa-se, sublima-se.

Por isso, a luta redime. Você supera resistências.

O destino de todos é a infinita felicidade e a perfeita comunhão com Deus.

143

Amanheça agradecendo.

Passe o dia agradecendo. Tudo à sua volta merece agradecimento.

Agradecer beneficia você.

A luz do sol banha o seu corpo. A paz de Deus fecunda a sua alma. O alimento é colocado à sua mesa. O ar preenche seus pulmões. A mão trabalha. Seus pés conduzem-no para onde quer ir.

Não se lamente.

Levante os olhos.

Há muito mais para agradecer do que para pedir.

144

Acenda a luz da esperança.

Se a dificuldade lhe aperta e os problemas parecem sem solução, procure acender a luz da esperança. Não fraqueje.

Tudo tem solução. Basta querer e esforçar-se.

Você tem capacidade. Lute. Creia em si mesmo. Uma forte luz está colocada por Deus dentro de você.

Ame.

Você está acendendo a luz da esperança quando passa a acreditar que Deus não desampara a ninguém.

145

Não fique triste.

A tristeza afasta seus amigos, impede o seu progresso, atrapalha sua vida.

Você entristece os outros. Acaba fazendo o mal, mesmo sem querer.

Remova-a de você.

Somente a vibração da alegria contagia para a paz e leva ao amor verdadeiro.

Mostre-se sempre alegre. Sorria.

Estar triste perante os outros é estar triste perante Deus.

146

Você vê nos outros o que tem em si.

Os mentirosos veem a mentira, os maldosos, o mal, os violentos, a violência e os bondosos, a bondade.

Enxergue-se como pessoa de muitas qualidades. Assim, você será levado a ver qualidades nos outros. Se se apegar aos seus defeitos, será tentado a se apegar aos defeitos dos outros.

Procurar as qualidades guardadas dentro de si é uma forma de ajudar aos outros.

147

Convença-se do poder de Deus.

É o poder que transforma, corrige, renova e mantém sempre bela a vida.

Opera no seu íntimo, mediante os pensamentos de amor.

É infinito.

Procure-o.

Reconhecendo o poder de Deus, você abre as portas à sua vibração e à sua bênção. E pode operar grandes feitos.

Encontre-o.

Descobrir o infinito poder de Deus é se preparar para a vida abundante.

148

Levante o seu pensamento.

O pensamento negativo fatiga a mente. Exaure as suas forças. Contraria a natureza divina que você tem.

O pensamento positivo dá alento às suas forças. Traz vitalidade e alegria.

É força cósmica atuando em você.

O pensamento negativo puxa para baixo, rebaixa. O positivo impulsiona para cima, eleva.

Mova-se para cima.

O pensamento positivo abre as veredas da paz no coração.

149

Preencha-se de esperança.

A cada segundo, o seu futuro de alegria e paz está sendo tecido nas mãos do Onipotente. Caminhe confiante.

Deus quer a sua paz. Aguarda-o com as mãos cheias de benefícios.

Prepare-se.

Seja digno, simples e alegre. Comece desde já a plantar ações de bondade. Faça de cada dia uma oportunidade de burilamento e aprendizado.

Tenha disposição nova.

Superar a si mesmo é se tornar digno do olhar de Deus.

150

Eleve a conversação.

A má conversação corrompe e vicia o pensamento, atrai más companhias, traz tristeza e põe você na direção do sofrimento.

Fuja dela.

Evite falar mal de pessoas, coisas e situações. Não faça comentários carregados de ilusão e ódio.

Encare tudo com bom ânimo e confiança. Quando forçado a emitir juízo, reflexione sem passionalismo.

Ponha-se firme.

A segurança no que você diz é fruto da sua firmeza em Deus.

151

Não se impaciente por causa de dinheiro.

Isto pode parecer difícil ou ridículo.

Mas entenda. O dinheiro pode ser instrumento de paz ou angústia, liberdade ou prisão, saúde ou doença. Depende do que você faz com ele.

Cuide, em primeiro lugar, de higienizar a sua mente dos maus pensamentos. Deus instruirá você como usar os recursos que lhe chegarem às mãos.

Melhorar a si mesmo é o caminho mais curto para enriquecer a vida.

152

A palavra conforta.

A palavra com verdadeiro sentimento modifica o estado de ânimo de quem a ouve.

É transformadora.

Proferida na hora certa é bálsamo para o espírito atormentado. Abranda a ira, suaviza o peso da vida, desperta o otimismo, abre novas perspectivas, produz boa sensação no coração.

Use a palavra para tranquilizar, compreender e estimar.

Confira o valor das suas palavras.

Pela palavra se edifica o mundo.

153

A ninguém julgue ser desprezível. Todos têm valor.

Você mesmo é uma pessoa valorosa. Se alguém lhe disser o contrário, não acredite.

Como você pode resolver qualquer problema, com vigor e decisão, os outros também podem. Eles possuem o mesmo potencial seu.

A bênção de Deus a ninguém despreza.

Valorize os outros.

Compreender que não há ninguém desprezível é dar valor ao próprio Deus que a todos criou.

154

Você tem resistência e força para vencer.

Tome decisão.

As condições para a vitória, a força, estão presentes em você, pulsando firmes, esperando a hora de entrar em ação. Aguardando o sinal verde.

Só lhe falta agir com vigor, inteligência e confiança. Usar de paciência, quando necessário.

Não fique inerte, fraco, desacreditado de si mesmo e infeliz. Conheça-se. Aja.

O seu pensamento recebe de Deus a força da vitória.

155

Mantenha a calma.

Não é o seu desabafo nervoso que irá solucionar os problemas. Pelo contrário, agrava-os. Dificulta as soluções. Transmite intranquilidade aos outros.

Você tem reservas inesgotáveis de paciência e amor. Não se abata.

Contenha-se.

O momento certo para conter-se é agora. Reflita. Busque estar em paz.

Confiar no próprio equilíbrio é acreditar na capacidade dada por Deus.

156

Seja otimista.

Não fique alheado, descontrolado e indeciso ante os problemas.

Erga-se.

Ser otimista é enxergar uma solução em tudo. É crer firmemente que o mundo está nas mãos de Deus.

Creia que você é filho da divindade, da virtude, do bem, do amor. Assim como os outros.

E vá em frente.

Você é otimista quando realmente acredita que está a caminho da felicidade.

157

Você é chamado à luta. Levante-se.

Disponha-se a trabalhar, servir, lutar.

Avante.

Tudo caminha para frente, impele, desperta, chama e dá responsabilidade.

É a marcha para a felicidade.

Sem a luta que aperfeiçoa, você se definha, apequena-se, enfraquece e sofre.

Preencha-se de coragem.

Quem se dispõe à luta, revestido da confiança em Deus, encontra a vida plena.

158

Vença a insegurança.

A sua verdadeira segurança está na firmeza de espírito, no otimismo e na confiança que tem.

Uma segurança indestrutível nasce da sua certeza de que Deus o ama e lhe dá permanente saúde física e espiritual.

Acredite na potência que Ele colocou em você.

Sinta-se seguro, amparado e sem motivos para ser triste.

Veja-se com saúde e em paz.

A segurança em Deus deixa para trás a fraqueza e o medo.

159

Resista ao mal.

Não deixe o mal sacudir você. Muito menos, instalar-se dentro de você.

Se presenciou ou ouviu algo desagradável, resguarde-se. Não se contamine.

Convença-se de que agasalhar pensamento de ódio, raiva, rancor ou desejo de vingança é portar um veneno poderoso no campo íntimo.

Afaste-se.

Ponha-se em vigilância.

Saber controlar-se perante o mal é exercício de amor verdadeiro.

160

Descubra-se.

Há dentro de você um mundo de luz, alegria e paz esperando a sua busca.

Volte-se para dentro e não se deixe abater pelos pensamentos opressivos e maléficos.

Reaja.

Ponha confiança abundante em si mesmo. Não espere sofrimentos e amarguras. Seja firme.

Desperte. Você é feliz, pense nisso.

A sua segurança aumenta à medida que você descobre a luz, a alegria e a paz que repousam no seu íntimo.

161

Vá adiante.

A marcha pesa e o trabalho é duro. Você se sente incompreendido. As dores se acumulam e a tristeza visita o seu coração.

No entanto, levante o pensamento. Enfrente a realidade com ideias claras, fortes e positivas.

Ânimo!

Ponha os pés no chão, com segurança. Mire o horizonte da transformação e sinta-se feliz com a luta.

Avante!

Você só descobre quanto é capaz em meio à luta mais difícil.

162

Encontre o prazer de viver.

A vida tem um sentido, uma direção, um gosto.

Cabe a você descobrir esse caminho. Exige busca e luta. É tarefa exclusivamente sua.

A cada descobrimento, a cada vitória, surge nova sensação de engrandecimento íntimo, de alegria, de paz.

O aproveitamento das horas e a atenção contínua são o seu instrumento de serviço. Não perca tempo.

Aprimore-se.

A luta com amor traz vitória mais rápida e completa.

163

Não fique se lastimando.

Se errou, não permaneça recordando o erro e se martirizando. Prometa a Deus não cometer a mesma falta. A vida caminha para a frente.

O que passou, passou.

Levante o pensamento e entre no trabalho com alegria e ânimo.

O trabalho bem executado faz esquecer o passado faltoso.

E cumpra o que prometer a Deus.

O movimento da vida é voltado para o futuro para que possamos recomeçar sempre.

164

Pense decidido.

O seu pensamento plasma a felicidade ou a desgraça.

É o seu leme. Para onde o dirige, você vai junto.

Ame.

Pense em coisas que favoreçem mais aos outros do que a você. Seja positivo, confiante, otimista.

Lute sem se desesperar. Saiba esperar.

Siga em frente.

É mais decidido o pensamento que está impregnado do poder de Deus.

165

Preserve o seu ambiente.

Mesmo que tudo ao seu redor demonstre baixeza moral, intranquilidade e artificialismo, seja autêntico.

Anote onde pode ajudar. Mantenha silêncio, se for conveniente.

Plante a boa semente da palavra confortadora e amiga. Os que ali se manifestam precisam de auxílio, de direção e de amor.

Equilibrar-se em ambientes adversos é firmeza de caráter.

166

Os dias não são iguais.

Há os que lhe parecem adversos. Nada dá certo. Você acha que assim continuará.

Mas você pode vencê-los.

Sua mente comanda o dia.

Depende de como você se porta. Quando está feliz, saudável, disposto à luta, os dias não lhe oferecem resistência. Se se acredita infeliz, doente, desanimado, nada caminha bem.

Procure melhorar-se. Tenha ânimo. Lute com determinação e vigor.

Com Deus no coração você é o senhor dos seus dias.

167

As mágoas colocam você numa prisão de fortes grades.

Livre-se delas.

Combata o rancor, a mágoa, o ódio, usando o antídoto do perdão que é força do amor e anula as mágoas.

Para conseguir perdoar, lembre-se de que o outro é seu irmão. Tem fraquezas, como você. Que, se agrediu você, é porque está infeliz.

Ore por ele.

Guarde consigo esta verdade: as pessoas felizes não agridem.

168

Eleve a conversação.

Evite assuntos desagradáveis, preocupantes, angustiosos ou que rebaixam a criatura humana.

Analise o que diz.

Fale sobre os assuntos que trazem reconforto, alegria e paz. Procure alteá-los.

Vença a tendência para baixo.

Pela boca você peca ou salva.

Uma conversação elevada gera o prazer do entendimento entre as pessoas.

169

O pessimismo é doença grave.

Instala-se devagarinho ou de repente. Insinua-se. Reveste-se de mil formas. Depois que entra, não quer sair.

Corte-o. Prejudica você.

Evite a tristeza, o desânimo, a solidão, afirmando-se alegre, animado e comunicativo.

Confie no seu potencial de luta. Não se renda ao pessimismo.

Avante.

O "péssimo" não existe nos planos de Deus.

170

O seu sofrimento não é o maior de todos.

Não é possível medir o seu sofrimento, mas há os que sofrem mais do que você.

O sofrimento moral, porém, depende da sua forma de pensar.

Se você pensar positivamente, evitará erros e lamúrias. É a força da alegria, do amor, do bem.

Não se julgue o maior sofredor do mundo.

Compreenda.

Para quem aprendeu a amar, a dor é abençoada escola.

171

Amigo, tenha esperança.

Você tem reservas e capacidades escondidas que precisam vir à tona. Sua transformação poderá ser grande e efetiva.

Vamos, mude de vida.

Faça brotar no seu peito uma esperança pura, forte, dinâmica.

Uma esperança que seja o lume, o caminho, a vibração poderosa.

Creia no poder de Deus. Não vacile, ore com determinação. Ande para frente.

Sua esperança é a sua salvação.

172

Crie a firmeza interior.

Não se abale com os acontecimentos. Fique acima dos problemas.

Desenvolva pensamentos resistentes. Convença-se de que os problemas existem para seu aperfeiçoamento e que todos são resolvidos por você de uma forma ou de outra. Acredite no poder que Deus colocou dentro de você. Essa é a chave que abre as portas do êxito.

Daí vem a firmeza.

Uma firmeza maior nasce da sua compreensão com amor.

173

O pensamento positivo é garantia de saúde.

À medida que você pensa forte, ondas de saúde agem pelo corpo afora e regularizam células e órgãos.

O pensamento tem força real. Não pense que isso é uma expressão vã.

Afirme-se integralmente sadio, forte, vigoroso. Nenhuma enfermidade pode penetrar no seu corpo.

Crer no poder do pensamento positivo é amparar a saúde na força de Deus.

174

Viva dentro da realidade.

A paixão é uma nuvem passageira, carregada de emotividade. Cega você. A ilusão parece ser uma coisa mas é outra. Leva você à decepção e à dor.

Evite-as. Não se deixe arrastar.

Em todo empreendimento, caminhe com os pés na certeza e na retidão. Aprenda a separar o equilíbrio da paixão e a verdade da ilusão.

Saber encontrar o verdadeiro e o real prova que você está maduro para viver.

175

Trate as pessoas o melhor que puder.

Um bom relacionamento proporciona alegria, garante boas oportunidades no seu trabalho, na sua economia e abre caminhos na realização social, cultural e religiosa.

Dê-se com todos. Preste atenção ao que eles gostam que você faça. Agrade, sem bajulação. Ensine-lhes o que é bom e evite as amizades interesseiras.

Dar-se bem com todos significa que você aprendeu a amar.

176

Amigo, avance.

Se as dificuldades são como a tempestade destruidora, não esmoreça.

Deus lhe dá a força de acordo com as circunstâncias. Para problemas maiores, maior amparo.

Confie.

A força divina que se aloja no seu coração não tem limites. Ela flui de acordo com a necessidade.

Marche com destemor. Olhe para frente.

Nenhum entrave resiste a força que há em você.

177

Sua mente, sua lente.

Lente escura, mundo escuro.

Lente clara, mundo claro.

Tudo está dentro de você mesmo. A aparência exterior é resultado da forma como você pensa. Será alegre, triste, violenta, fria, hostil, amiga, de acordo como são os seus pensamentos.

Preencha-se de bons propósitos, veja a vida com otimismo, espere com confiança. Compreenda. Não censure.

Ame ao máximo.

De íntimo renovado você encontrará um mundo novo.

178

Por tudo, agradeça.

É difícil agradecer o que impõe sacrifícios.

Mas, entenda. Ao agradecer, você emite pensamentos de aceitação, de renúncia, de compreensão, que atenuam ou eliminam as sensações de intranquilidade, dor, aflição, mágoa, revolta.

Agradeça a Deus, à Natureza, às pessoas. Não se revolte por nada. Você tem poderes para influir sobre as sensações do campo íntimo.

Agradecer sinceramente é se harmonizar com tudo e com todos.

179

Amigo.

Deus segura você pela mão, retira-o dos maus-tratos, traz você à reflexão. Inspira o seu pensamento, transforma o seu coração, reduz o seu orgulho e penetra na sua alma. Deus não tem a mesma hora que você e, só busca o melhor.

Deus, com todo carinho, fala ao seu ouvido, ouve as suas palavras, diminui as suas necessidades, ama-o infinitamente.

Assim é Deus.

E quando você quiser conhecer a Deus vá buscá-lo no mais profundo de você mesmo.

180

Transmita esperança aos outros.

A cada nova esperança que você leva a eles o seu bem-estar aumenta. No fundo, a esperança dada é o alimento da esperança que está em você.

Só o que é bom e positivo faz bem a você e a eles.

Evite compactuar com o desânimo e a tristeza. Nem adote quaisquer outras ideias negativas.

Toda vez que você transmite esperança aos outros está fazendo o serviço de Deus.

181

Espere passar.

A tormenta dos problemas e complicações vem destruidora. Você está sendo levado a posições que não imaginava defrontar.

Mas, aguarde. As situações se modificam e se acomodam. Acabam passando. Quando menos você esperar, tudo surge diferente.

Controle-se. Espere com paciência. Resista. Quando chegar de novo a tranquilidade, você gostará de ter demonstrado a sua força.

É maior a alegria nascida da vitória sobre si mesmo.

182

A sua calma é o mais importante. Você se julga cheio de razão. Isto ou aquilo não devia e nem podia ter acontecido. E você se sente com todo direito de protestar e de exigir dos outros a reparação do erro.

Resguarde-se, porém. A sua calma repercute na sua saúde e na paz interior. Não as perca.

Os acontecimentos são voláteis. Hoje existem e amanhã não. A sua calma é permanente.

Manter a calma em situações adversas é livrar-se dos embaraços do nervosismo e da culpa.

183

Viva intensamente.

Não fique no aguardo de sofrimento e morte.

Aja o máximo que puder. Contribua, marque a sua presença. Evite ficar ausente, passar escondido, recolhido e indeciso. A vida pede a sua presença, a sua ideia, a sua ação.

Participe.

Pela sua participação, novos valores surgem, a inteligência se desenvolve, o sentimento se fortifica e a alma cresce.

Tomar parte ativa no movimento da vida é acrescer valores.

184

Amigo, resista.

Há dificuldades, a doença e a desarmonia dentro de casa, o ganho pouco, a decepção com os amigos e tudo o mais.

Você acredita que não dá para aguentar. É demais, pensa.

Mas é esse aperto de agora, essa luta sem trégua, que agitam as suas forças e impelem-no para frente, forjando a sua felicidade.

Não fique nervoso.

Agradeça a Deus a luta de cada dia e ame o quanto puder.

Lutar agradecido é estar edificando a paz.

185

Amigo, você anda ansioso.

Você quer retirar da vida algo que parece indispensável, mas que ela lhe nega. E aí nasce sua insatisfação.

Ao invés de querer ter, receber, sugar algo da vida, procure dar. Dando, você entrará no ritmo da vida abundante e passará a receber multiplicado.

Preocupe-se em dar. Estude como fazê-lo. Olhe para a frente e para o alto. Siga avante.

Estar disposto a mais dar do que receber é conquistar a liberdade.

186

Equilibre-se.

Quando o desequilíbrio lhe bate à porta, resista. Quando a dor o visita, use a paciência. Quando a paz lhe foge, busque a Deus.

A qualquer hora, Deus está consigo, aperfeiçoando as suas aspirações e desejos. O poder infinito tudo penetra.

O seu equilíbrio depende do seu ajuste ao comando de Deus. Trabalhe e produza. Siga avante. Persista.

Estar sempre contente é o melhor meio de manter um equilíbrio permanente.

187

Cuide da palavra.

É da essência da palavra tornar-se realidade.

O palavrão e as palavras como "péssimo", "infeliz", "desgraçado", podem-se voltar contra você e infelicitar a sua vida. Repetidas, mais fortes ainda tornam-se os efeitos.

Tenha cuidado.

Fale somente o que é bom. Quando não puder falar o que é bom, cale-se.

Ter a fala disciplinada é conquistar segurança e grandeza de espírito.

188

Ninguém pode lhe roubar a paz.

Nenhuma força exterior é capaz o suficiente para entrar em você e de lá arrancar a paz que você guardou.

Sua paz, porém, é muito sensível aos seus pensamentos. Os do amor, a elevam. Os do mal, a destroem. É você portanto que a eleva ou rebaixa, torna-a clara ou escura.

Não trate a sua paz com indiferença.

Você depende da paz tanto quanto ela de você.

189

As conquistas do íntimo alteram o seu destino.

O plano de Deus para você depende de como você age com os outros. Se amorosamente, atrai os benefícios da paz. Nada lhe faltará.

A entrega do coração aos pensamentos nocivos agrava e sobrecarrega o plano de sua vida e faz aparecer a dor.

Nada para no Universo, nem você. Caminhe para frente, construindo um destino de alegria e paz.

O destino de felicidade surge das boas ações de cada dia.

190

"Brilhe a vossa luz", disse Jesus.

Luz significa a sabedoria e o amor que você conquista. São virtudes que brilham e aparecem no seu rosto.

Sem Deus, ninguém representa grande coisa. Por isso, não há do que se vangloriar.

Dele vem a luz.

A luz é sua grandeza interior e depende da conscientização de Deus. Quanto mais você se entrega a Deus, maior fica.

A sua luz aumenta na proporção dos benefícios que faz aos outros.

191

Ame a todos.

Você não deve amar somente a alguns e detestar os demais.

É normal gostar diferentemente de uns e de outros, mas nunca chegue a detestar, seja quem for.

Para com todas as pessoas, mantenha uma atitude única de respeito, de sinceridade e lealdade. Não se altere de acordo com a variação do pensar deles, mesmo que sobre você façam juízo maldoso.

Deus, que o conhece profundamente, sabe o quanto você é bom.

192

Deus está sempre com você.

Dirige os seus passos, protege o seu trabalho, sustenta a sua paciência, levanta o seu ânimo.

É pura bondade.

O Pai Supremo fala alto em todos os acontecimentos da sua vida, manda-lhe energias apropriadas para vencer em cada situação, aprimora-lhe o espírito, dá-lhe a calma e mantém o seu coração batendo.

Ame a Deus.

A cada pensamento de amor que você Lhe endereça, Deus responde multiplicado.

193

Reconheça o poder de Deus. Ele tudo fez.

Procure refletir sobre o Seu poder. Detenha-se por algum tempo em meditação. Analise bem.

Deus, o único poder que existe, vibra dentro de você.

Procure sentir essa força poderosa. Ela se manifestará. Todo mal que estiver em você será anulado.

Contenha pensamentos de descrença.

Confiar no infinito poder de Deus é marchar para o Seu abraço.

194

Exalte o que é bom.

Quando relatar um aconteci-mento, procure encontrar os aspectos positivos. Se alguém fez algo condenável, não lance o peso da reprovação. É quando mais analisamos a nós mesmos que vemos o tanto que ainda somos imperfeitos.

A sabedoria da vida ensina que em todo episódio mora um ensinamento. Use de boa vontade. Encontre-o.

Faça do lodo nascer a flor. Do meio da noite escura surge a luz da alvorada.

195

Uma paz sem limites o espera.

Veja-se em direção a um aprimoramento completo. Erga a cabeça, apare as suas arestas, aprume-se e esforce-se para chegar a Deus. Tenha coragem contra o mal.

Arrime-se nos ensinamentos da própria vida. Em tudo, um sentido, uma lição. As dificuldades aprimoram-lhe a alma.

Caminhe com amor e confiança.

Viver com decidido amor é antecipar o paraíso.

196

Você tem uma alegria natural.

Há uma alegria que nasce do íntimo. É independente das circunstâncias. Está em você acordá-la.

Essa alegria é um clamor da vida dentro de você. Será mais intensificada quanto mais você reconhecer o poder de Deus e a magnificência do amor.

Procure acordar essa alegria. Faça-a ficar permanentemente em você.

Despertar a alegria é ser despertado para o que de melhor existe na vida.

197

Em tudo, a grande harmonia.

Equilíbrio e paz indestrutíveis no Universo. Tranquilidade imperturbável.

A vida marcha para a perfeição.

O amor esplende.

Há entendimento das almas, alegria completa, respeito absoluto. O hálito divino substancializa os seres, aprimora, resplandece.

É assim a Casa do Pai.

Fazer elevado juízo do poder de Deus é avistar uma nova residência.

198

Você é eterno.

O seu corpo e as coisas de sua propriedade são materiais e transitórios. Ser escravo do corpo ou dessas coisas é reduzir o potencial de sua mente.

Não se deixe dominar.

Apegar-se a bens materiais é caminhar para a decepção e a dor. Elas sobrevêm antes que você as espere.

Desapegue-se. Tenha maior liberdade.

Crer na imortalidade é desafogar o espírito e voar mais alto.

199

A realidade divina está em você. No fundo, você é um ser diamantino. Traz consigo veios de amor que precisam ser explorados.

Pense sobre isto.

Creia firmemente na sua natureza divina e amorosa. Não esmoreça no trabalho de aperfeiçoamento.

Faça o seu amor operar frutos.

Caminhe com decisão.

Entender a si mesmo é o passo mais importante para amar com proveito.

200

Há rosas no seu jardim.

É preciso procurá-las. Exige esforço.

Não fique apenas a ver amarguras, tropeços, animosidades, desânimo, espinhos no seu caminho.

Enxergue a alegria, a liberdade, a estrada aberta, o bom relacionamento, o ânimo, as rosas. Eles estão presentes na sua vida.

Você encontrará as rosas.

Buscar sempre o lado bom da vida é pender o coração para Deus.

201

A morte também é vida.

No Universo nada sucumbe senão para renovar-se. A Natureza se transforma e se aprimora pela morte.

Assim também com você.

A morte física não é o fim. É oportunidade de crescimento. Um renascer para a vida verdadeira.

Não tema a morte.

Homenageie a vida. Pratique o amor.

Compreender que a morte não existe é reconhecer que Deus nada faz para o mal.

202

O silêncio é proveitoso.

Deus fala mais claramente a você através do silêncio, faz nascer as boas ideias e propicia a iluminação.

O barulho atrapalha a reflexão. Vicia e estimula as más inclinações.

No bulício da vida, mantenha o silêncio interior. Evite se envolver na contaminação do ambiente.

Proteja-se.

É no silêncio mais profundo da alma que fala a voz de Deus.

203

Não se escravize à vaidade.

A vaidade distorce a visão e toma-o cada vez mais dependente de elogios. Ensombra o seu mundo interior. Intranquiliza, satura, aperta o coração.

A realidade é outra.

Só Deus é o centro de tudo. Você, uma criação em aprimoramento.

Analise como se comporta e corte a vaidade.

Use suas forças para amar. Seja simples.

Reconhecer-se sem motivos para elogios é não se fazer escravo da opinião alheia.

204

Cultive as boas amizades.

São um tesouro.

Dão prazer.

O interesse mascara a amizade, desfigura-a. Impede o seu crescimento.

Uma verdadeira amizade tem sentimento, abertura, diálogo. Manifesta o amor. Caminha junto a você.

Merece ouvir de você somente a verdade.

Preserve-a.

As amizades sinceras solidificam os laços de amor e dão sustento à vida.

205

Você caminha para a paz.

Uma paz profunda, linda, dinâmica, completa, verdadeira, inigualável.

É a paz de Deus.

Com essa paz, o amor flui por todas as partes do seu ser.

Você se sente seguro, disposto, sadio, forte, confiante.

A vida se mostra alvissareira.

E a alegria brota viçosa, espontânea, completa.

É assim.

Buscar a paz insistentemente é estar seguro de que Deus existe mesmo.

206

Deus é o centro.

É a fonte originária da vida, do amor, da paz.

Essa magnificência, esse esplendor, quer manifestar-se por você.

Torne-se receptivo.

Eleve-se e ame o suficiente para resplandecer a Deus. Trabalhe e sirva.

Não desperdice o seu tempo. Construa a cada dia e a cada hora um pouco de sua felicidade.

Avance. Lute.

Estão no centro de você a paz e a alegria nascidas de Deus.

207

A oração liberta.

Você se sente amarrado, enleado, tolhido, cercado, sufocado. Tem vontade de gritar. Clamar por atenção, piedade, amor.

Mas, não se julgue vencido.

Através da oração, Deus agirá em você. Tomará você pelas mãos, dar-lhe-á a liberdade e a paz.

Ore com fervor. Veja-se abençoado por Deus. Reconheça o Seu infinito poder.

Deus ama você.

Pela oração, Deus fala aos homens e limpa a atmosfera saturada do mal.

208

Vista-se de esperança.

Uma esperança forte, concreta, verdadeira.

Não se deixe vencer pelos problemas e aflições. Você é mais forte do que eles. Tenha confiança nisso.

Quanto mais você acredita que carrega grande força no peito, mais ela quer sair para se tornar realidade e trazer alegria e paz a você e aos outros.

Busque essa força. Confie.

Deus, a força que há em você, não tem limites no que pode e ama.

209

Confesse-se a Deus.

Em silêncio, converse com Ele como quem fala com o melhor amigo que tem. Abra o coração e diga-lhe das suas fraquezas e erros.

A conversa com Deus transforma, revigora e constrói em você uma forma nova de alegria e de compreensão das coisas. Plenifica a sua inteligência e revigora a sua disposição de viver.

Fortalece a paz.

Abrir-se para Deus é aflorar o que temos de melhor.

210

Pegue o caminho do amor. Do amor puro, profundo, sem máculas.

Um amor assim leva de roldão toda e qualquer prova, vence as maiores dificuldades.

O amor já está colocado dentro de você. Não há o que temer.

Ajoelhe-se no altar do seu íntimo e receberá luz e força suficientes para superar todos os obstáculos.

Confie no amor.

Deus fez o íntimo escondido para que só o descobríssemos quando pudéssemos respeitá-lo.

211

Você é como um diamante.

A sua natureza íntima, profunda e verdadeira é de uma beleza indescritível. Há, ali, harmonia, paz e alegria.

É ponto sensível de amor e energia cósmica.

Para descobrir esse tesouro, desfaça-se dos maus pensamentos. Eles são indesejável envoltório da pedra preciosa. Aceite e ame a vida.

Renda graças a Deus.

Reconhecer-se depositário de luz e vida divinas é entrar na melhor segurança que existe.

212

O orgulho contamina e escraviza. Sentimento nocivo e traiçoeiro, faz-nos julgar superior aos outros. Dá-nos distorcida visão da vida. Torna falsa nossa conduta.

Vença o orgulho com o antídoto da humildade. Você é igual aos outros. Não se julgue em concorrência com eles. Sua função, seu tipo de trabalho, não são uma superioridade.

Todos somos irmãos.

Vencer a batalha contra o orgulho é descobrir o prazer de viver dentro da realidade.

213

Ame a Deus.

Eterno e real, Sua luz aquece, Seu amor aproxima e eleva, Sua paz reconforta e Sua alegria incentiva.

Deus nunca se esquece de você.

Sua excelsa presença vela seu sono, acompanha você no trabalho, ouve as suas preces, defende o seu lar e protege-o de males maiores. Está ao mesmo tempo fora e nas profundezas de você.

Nunca se esqueça Dele.

Ninguém ama mais você do que Deus que o criou.

214

Um profundo poder age em toda a Terra.

As doces vibrações do Pai Celeste comandam a divina sinfonia da Vida. Penetram os seres.

A Natureza canta as glórias de Deus.

Tudo trabalha, serve, evolui, edifica e ama. A renovação é contínua na busca do Mais Alto.

Você é parte desse maravilhoso contexto.

Sentir-se integrado ao divino concerto da Vida é estar seguro de que tudo marcha para melhor.

215

A paz esteja consigo.

A paz eterna, verdadeira, cósmica, divina.

Uma paz maior e mais profunda que abarque o seu coração e o seu entendimento e faça você vibrar firmemente, elevar-se e amar intensamente.

Na busca dessa sua paz todo esforço será pouco. Precisará vencer imperfeições e corrigir erros. Mas toda força para isso já está colocada dentro de você.

Confie.

Só é verdadeira a paz nascida do amor que verte de Deus.

216

A satisfação espiritual preenche você.

A satisfação nascida de um desejo material concretizado é falha e incompleta. Riqueza, beleza física, poder, fama, acabam e deixam um rastro de amargura.

A satisfação espiritual é perfeita, completa e preenche o coração. Permanece. Nasce do amor, da humildade, da paciência, da compreensão, da caridade.

Procure-a.

Pender o coração para o lado espiritual e verdadeiro é lutar e vencer a atração material.

217

Sinta-se em segurança.

Há um oceano de paz aguardando você. Um mar de bênçãos, capaz de refrescar o seu coração do calor da vida agitada. Remover males, angústias, frustrações e problemas.

Mas é preciso se achar revestido da bênção e da paz divinas para sintonizar com Deus e abrir as comportas do grande oceano.

Acredite.

Julgar-se possuidor da infinita riqueza de Deus é preparar-se para uma paz sem limites.

218

Saiba olhar o mundo.

Faça com que seu pensamento esteja sempre imantado pela força divina, capacitando-o a viver permanentemente em dignidade e paz.

Não se aborreça, nem se atormente. Defenda o seu estado de paz interior. Ela se tornará cada vez mais real.

Preserve-se.

Caminhe tranquilo.

Comandando o pensamento para alcançar a paz permanente, você, em verdade, já está em paz.

219

Tudo agradeça.

Obrigado, obrigado, obrigado, diga sempre.

Você tem muito o que agradecer. Desde o corpo que possui até a Natureza que o mantém.

Agradeça os dias, as horas, as pessoas que você encontra no caminho.

Sua vida se transforma pelo agradecimento que faz. Surge nova visão, desperta a alegria. Aproxima-se de Deus.

Todo pensamento de gratidão solidifica a paz.

220

Descubra a força infinita.

Ela está na sua origem, na sua essência, no seu EU VERDADEIRO.

Encontre-a. Essa força maravilhosa pode fazê-lo imensamente feliz.

Procure, busque, percorra todos os caminhos necessários para localizá-la.

É tarefa somente sua, mas vale a pena lutar. Você será bem-sucedido.

Tente.

Descobrir a força infinita que se aloja dentro de nós é o mesmo que achar a Deus.

221

Um sol ilumina-o por dentro.

Queima os seus pensamentos de medo, revolta, orgulho, vaidade. Assenta a alegria, a compreensão, a paz e a fraternidade.

De amor fortíssimo, seus raios vivificam as células, o coração e dinamizam o cérebro. Produzem a inefável sensação que transforma, retempera e aperfeiçoa.

É Deus presente.

Descobrir esse sol íntimo é encontrar o meio mais fácil de iluminar a vida.

222

O pensamento mau intoxica e desestrutura a mente.

A mente que expede pensamentos de baixa qualidade, como inveja, vaidade, orgulho, ciúme, revolta, opera no negativo. Contraria sua natureza divina.

Combata isto.

Inveja chama mais inveja, ambição mais ambição, revolta mais revolta. Estão sempre insatisfeitas, querem mais.

Levante os olhos. Tenha desprendimento, simplicidade, humildade, compreensão, aceitação.

Disciplinar a mente é lançar as bases da felicidade.

223

A vida tem dois caminhos.

Um permanente, imutável, eterno, que leva você à felicidade. O outro, passageiro, que leva à dor.

O permanente mostra-se difícil. Precisa ser procurado. Exige esforço, compreensão, persistência. O passageiro se oferece, apresenta atrativos.

Assim são os caminhos do bem e do mal.

Tenha coragem na escolha.

Todo sacrifício na estrada do bem produz luz e alegria que nunca se extinguem.

224

Trabalhe feliz.

Pelas suas mãos que trabalham, a vida se desloca, se esforça, se manifesta e ama.

É você em ação.

Postas a serviço da paz, da alegria e do amor, melhoram a vida dos outros e extinguem as tristezas.

Reconheça o valor do trabalho e conserve-as na boa luta. São elas que acarinham, burilam, plantam e constroem um mundo melhor.

A alegria na lida é paz na vida.

225

"Até os cabelos das vossas cabeças estão contados", disse o Senhor Jesus.

Não pense que algo fique impune. Tudo é contado e pesado na balança divina. Ninguém consegue enganar a Deus.

Não fique a apontar as injustiças humanas. Deus vela por todos.

Confie e trabalhe. Siga avante. Nunca se prenda aos aspectos de injustiça.

Crer numa justiça divina e perfeita é viver em tranquilidade permanente.

226

Conserve a saúde espiritual.

Ninguém pode ser feliz sem forte estrutura espiritual, capaz de diminuir tensões e explodir em obras de amor ao próximo.

Uma saúde espiritual verdadeira nasce dos bons pensamentos e se concretiza na ação. Pensamentos de caridade e de compreensão aumentam a sua saúde física e espiritual.

Caminhe para a saúde.

Uma saúde espiritual completa brota do amor sentido e vivido.

227

O dinheiro não é a sua real fonte de prazer.

O prazer verdadeiro nasce das entranhas da alma e se manifesta nos seus atos, palavras e gestos. Não está no dinheiro.

Dinheiro gasto na ilusão deturpa a sua maneira de viver e cimenta a vaidade e o orgulho.

Não viva apenas a serviço do dinheiro, nem despreze o valor do trabalho.

O dinheiro empregado de acordo com a vontade de Deus rende mais.

228

Creia na justiça divina.

Lute contra as injustiças e compadeça-se dos que são arrastados às grades. Nem todos são culpados. A injustiça é fruto da imperfeição humana.

A justiça divina é perfeita e age sempre. É a lei de Deus em ação no homem. Não falha nunca. Considera os seus mínimos pensamentos e atos.

Todos são julgados.

O tribunal divino assenta-se nas entranhas da sua consciência.

229

A vida é um desfiar de lutas e experiências. Você ora está aqui, ora está ali. Ora faz de um jeito, ora de outro.

Esse movimento contínuo aprimora as suas ideias e ações, impele-o para frente, leva-o à tomada de novas posições e engrandece-lhe o espírito.

É preciso, porém, equilíbrio e norma de boa ação. Evitar os maus pensamentos e atos.

Acredite em você.

Manter boa norma de conduta é construir paz e alegria onde estiver.

230

A sua oração é capaz de modificar uma vida.

A prece verdadeira repercute em Deus e gera respostas adequadas.

Quando orar, imagine Deus guiando-o e abençoando os seus passos.

Não vacile na fé. Penetre fundo na oração e faça seu pensamento ir bem alto. Se estiver indisposto, procure ficar em silêncio mental e entregue-se a Deus.

A oração sincera afasta a sensação desagradável como nuvem levada pelo vento.

231

Separe pessoas de ideias.

As ideias podem ser certas ou erradas. Pessoas, porém, são diferentes. Dentro de todo indivíduo está Deus.

Não critique. Procure distinguir as pessoas dos pensamentos que têm. Uma boa pessoa pode fazer juízos errôneos a seu respeito. Mas, nem por isso, guarde animosidade. Procure separar a ideia do seu autor.

Não reprove.

Compreender que todo ser é uma manifestação divina é abrir as portas do amor.

232

Encontre a paz, amando.

A verdade evangélica é: amar os outros como a si mesmo.

Por isso, tenha a seu respeito a melhor imagem possível. Veja-se um ser inteligente, são e com os atributos de bondade, beleza, harmonia e alegria. Sobretudo, sinta que você nasceu das entranhas de Deus.

Os outros também são como você.

Amar os outros como a si mesmo é a senda que conduz a Deus.

233

Prostre-se diante do Senhor da Vida.

Entregue-lhe o seus pensamentos e as suas ações. Conduza ao altar do Senhor da Vida o seu coração e as suas aflições.

O Senhor da Vida fecunda-lhe o ser e encaminha-o para a senda da felicidade sem mácula.

Busque-O com pensamentos sinceros e leais. Trabalhe e ande pensando Nele.

Reverencie.

Faça o bem continuamente. O Senhor da Vida não esquece de você um só segundo.

234

Existe o céu.

Não pense que o céu não existe ou que é apenas fantasia de pessoas crédulas e ingênuas.

O céu é o lugar da felicidade completa, da ausência de dor, ansiedade e angústia.

Você já traz consigo as sementes desse céu. A cada bom pensamento e a cada boa ação você o faz crescer dentro de si.

Suporte tudo com paciência. Trabalhe, sirva e espere. Tenha bom ânimo.

O céu é para você o que você traz no coração para dar aos outros.

Com pensamentos e reflexões dedicados a cada dia do ano, formando portanto 365 mensagens, este pequeno livro de bolso é um verdadeiro manual de auto-ajuda que pode ser lido ao acaso durante várias vezes ao dia. Nele o leitor encontrará inesgotável fonte de otimismo, fé, ânimo e esperança que renovará suas energias frente aos encontros e desencontros da vida.
7,5x11 cm | 376 páginas | Mensagens

17 3531.4444 | boanova@boanova.net

Pequeno livro de bolso que traz em seu conteúdo mensagens de otimismo e reflexão, despertando no leitor sentimentos de entusiasmo, alegria e encanto de viver. Nas páginas dessa obra, o leitor encontrará ainda um bálsamo reconfortante, sobretudo diante dos problemas e dificuldades que vivenciamos em nosso dia a dia.
8x11 cm | 160 páginas | Preces

17 3531.4444 | boanova@boanova.net

Apresenta inúmeras mensagens que nos estimulam a viver bem. Abrange todos os tipos de dificuldades do relacionamento humano, levando as pessoas a certificarem-se de que realmente é possível ser feliz, superando quaisquer empecilhos.

8x11 cm | 160 páginas | Preces

17 3531.4444 | boanova@boanova.net

Apresenta inúmeras mensagens que estimulam a viver bem. Abrange todos os tipos de dificuldades do relacionamento humano, levando as pessoas a certificarem-se de que realmente é possível ser feliz, superando quaisquer empecilhos.
7,5x11 cm | 384 páginas | Mensagens

17 3531.4444 | boanova@boanova.net

Apresenta inúmeras mensagens que estimulam a viver bem. Abrange todos os tipos de dificuldades do relacionamento humano, levando as pessoas a certificarem-se de que realmente é possível ser feliz, superando quaisquer empecilhos.

7,5x11 cm | 256 páginas | Meditação

17 3531.4444 | boanova@boanova.net

Esse pequeno livro de bolso é um verdadeiro manual de auto-ajuda que pode ser lido ao acaso durante várias vezes ao dia. Em cada página, o leitor encontrará inesgotável fonte de otimismo, fé, ânimo e esperança, renovando-lhe as energias frente aos encontros e desencontros da vida.

7,5x11 cm | 272 páginas | Meditação

17 3531.4444 | boanova@boanova.net

Neste livro, com base em pequenos trechos bíblicos, que abrem os capítulos, você poderá ler mensagens otimistas, conselhos de perdão e amor. Seja lido em sequência, ou aberto aleatoriamente ao se mentalizar uma questão em particular, O amor é a cura será uma fonte de luz, harmonia e bem-estar para seu espírito.
9x13 cm | 240 páginas | Mensagens

17 3531.4444 | boanova@boanova.net

Este pequeno livro de bolso é um verdadeiro manual de auto-ajuda que pode ser lido ao acaso durante várias vezes ao dia. Em cada página o leitor encontrará inesgotável fonte de otimismo, fé, ânimo e esperança que renovará suas energias frente aos encontros e desencontros da vida.
8x11 cm | 256 páginas | Mensagens

17 3531.4444 | boanova@boanova.net

Um livro para uso diário, rápido, fácil e direto. A finalidade é esclarecer as situações cotidianas, com enfoque de otimismo e reforma íntima. Esse é mais um título de Lourival Lopes, autor dos livros Otimismo Todo Dia, Gotas de Esperança e Sementes de Felicidade.

9x14 cm | 210 páginas | Mensagens

17 3531.4444 | boanova@boanova.net

Av. Porto Ferreira, 1031
Parque Iracema
CEP 15809-020
Catanduva-SP

www.**boanova**.net
boanova@boanova.net

- 17 3531.4444
- 17 99257.5523
- @boanovaed
- boanovaed
- boanovaeditora

Acesse nossa loja

Fale pelo whatsapp